b 36497927

24.70

APR 2 3 2017

我喜欢这个功利的世界

这世界承认每一个人的努力

咪蒙 作品

湖南文艺出版社
HUNAN LITERATURE AND ART PUBLISHING HOUSE

博集天卷
CS-BOOKY

我们深知世界的复杂、黑暗和荒谬，

依然选择面对复杂，保持欢喜。

我不断往上爬，不是为了被世界看见，而是想看见整个世界啊。

我们做自己喜欢的事的时候，是忍不住要勤奋的啊。

不管多少岁，不管在什么年纪，我都会努力，
因为我只不过是想成为自己喜欢的那种人。

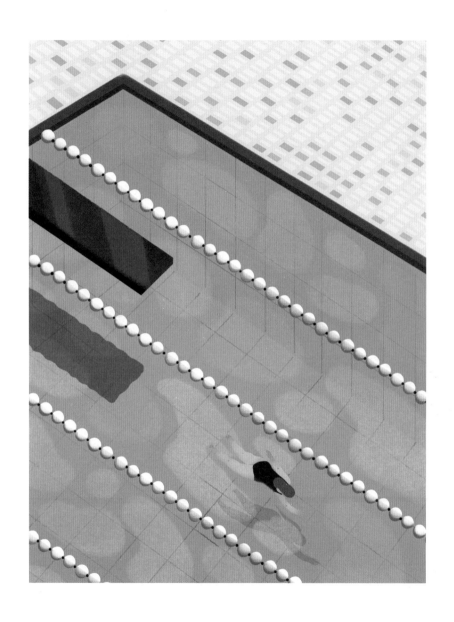

这个世上，只要你敢，再大的不可能，都会变成可能。

Contents

目 录

序言：擦，我怎么就成了励志女王了？

1
CHAPTER

如何在这操蛋的世界里保持快乐？
我们深知世界的复杂、黑暗和荒谬，依然选择面对复杂，保持欢喜。

2
CHAPTER

所谓情商高，就是懂得好好说话
真正的情商高，不是虚伪，而是温暖。

3
CHAPTER

是的，我更喜欢努力的自己

因为没有爹可以拼，我们才要拼命啊。
不管多少岁，不管在什么年纪，我都会努力，因为我只不过是想成为自己喜欢的那种人。

4
CHAPTER

对不起，我没有时间讨厌你

当你做喜欢的工作的时候，会激发出你人性中最美好的一面。
你愿意超越功利。你愿意不计较得失。你愿意付出一切。
做你喜欢的工作，我不能保证你成功，但我能保证你快乐。

5

CHAPTER

你的美貌不如你的热闹

很多女孩儿总是问，怎么才能知道一个男人是否爱我呢？
很简单，他若爱你，在你最需要的时候，他一定会陪在你身边。

6

CHAPTER

我是因为你，才爱上了这个世界

我们不一定要通过爱情，才能获得治愈。
但是美好的爱情，确实有强大的治愈功能。

7
CHAPTER

最高级的浪漫，就是柴米油盐鸡毛蒜皮

爱情可以反映一个人的最高智慧和最低道德。你找什么样的男人，
你为他可以做出多么没底线的事，这都取决于你，而不是那个男人。

8
CHAPTER

那些年，我们这些没人追的女孩

也许现在，你喜欢的人，只看到你暗淡的那一面。
但总有一天，会有一个人，愿意绕着你转一圈，看到你发光的那一面。

序言：擦，我怎么就成了励志女王了？

"咪蒙，你堕落了。"

我的一个粉丝痛心疾首地批评我。听了这句话我吓了一跳，我是吸毒了还是卖淫了？后者实在是不可能啊，没人买啊。

细想一下，她的话也有点儿道理。我之前的书，写的是"不要把人生浪费在正事儿上"，现在的书，写的是"是的，我更喜欢努力的自己"。我之前的标签是"混世魔王"，现在我的标签是"励志女王"。

我怎么就成了励志女王了？

说起这个新人设，我还有点儿不适应呢。

怎么办，更可怕的是，别人觉得我是道德沦丧，可我觉得这是进步和成长。

我终于知道努力到不自知是什么感觉了。

前段时间助理说，你为什么不去知乎回答"你最努力的时候，努力到什么程度"这个问题？我说，啊？我配答这个问题吗？我没有很努力啊。助理翻了个白眼说，你已经努力到很变态了。你也不想想你以前是什么样的？

以前的我，写了一篇稿就觉得自己太刻苦太勤奋，要玩儿一周才能缓过来。

以前的我，一天工作两小时就觉得对自己太残忍了，于是就心安理得地刷微博和逛豆瓣了。

以前的我，把拖了一年的稿子完成，就觉得自己很了不起，发朋友圈炫耀求表扬。

我变了。

现在的我，每天工作14个小时以上，每天晚上写稿写到眼睛都睁不开，到了半夜一两点，看着电脑上的字已经开始模糊了，大脑已经不反应了，才无奈地点个小龙虾，立马满血复活，接着写。

现在的我，刚做完手术，医生说让我做一个后续治疗，我就一边做治疗一边跟助理讨论工作。做完治疗打吊针，我拿出电脑一边打吊针一边写稿，被护士骂了，护士说，你输液的那只手不能动。也对哦，怎么能一边输液一边打字呢，于是我就单手打字了。

现在的我，在出租车上写稿，在机场候机厅写稿，在高铁上写稿。朋友说，你就是一个行走的写作机器啊。被她这样一说，我也觉得自己有点儿变态。我强行给自己放了个假，去杭州旅游。在一家烧烤店，等肉烤好要等10多分钟，我就条件反射掏出电脑开始写稿，然后又被朋友骂了。第二天我不敢带电脑了，在景区的时候我总觉得少了点儿什么，于是我掏出手机接着写稿。朋友发誓再也不跟我去旅游了。

朋友很郑重地跟我说，你现在已经像毒瘾患者了，你应该像戒掉毒瘾一样戒掉你的勤奋。

我为什么要戒掉？

我做着自己喜欢的事儿，我为之狂热，为之快乐啊。我享受还来不及，我为什么要戒掉？就像其他人通宵打游戏，通宵刷网文，通宵看韩剧，他们会觉得累吗？不会吧。我也一样啊。对我来说，写稿本身就是一件好玩儿的事儿，而且，知道自己每一篇稿子都有几百万的人等着看，我这种天生的人来疯，一下子就来劲儿了。

当写出好句子的时候，我那种雀跃和兴奋……我旋转、跳跃、闭着眼，我穿过汹涌人潮，搭上云霄飞车，越过巴黎铁塔，冲破大气层，站在月球上，大喊了一句"咪蒙，你好牛×"。

以上这段看上去可能有点儿像吸毒，但是，我以我的体重郑重发誓，我真的没有嗑药。

更重要的是，当我写出的文章，对别人的人生有了正面影响的时候，那种感觉比什么都爽。

就像有的粉丝说，她准备考研太晚了，本来已经觉得没希望了，看到我那篇《你觉得为时已晚的时候，恰恰是最早的时候》，第二天就去报了名，咬牙开始疯狂看书，进入地狱式学习，后来考上了人大。

有粉丝说，一直想辞职做自己喜欢的事，追寻自己的梦想，但是舍不得体制内的舒适和安逸，看到我那篇《我为什么辞掉稳定的工作？》，当晚就打了辞职信，现在在摆地摊儿——开个玩笑，现在她开了个很小的书吧。没有赚很多钱，但她很快乐。

还有两个粉丝因为都喜欢我的文章，认识了，相爱了，结婚了，还给我发了喜糖。

如果你要问我写作的意义，那就是在这些反馈当中，我获得了巨大的价值感。

这也是我每一天投入新的写作中都元气满满的原因。

这也是我经常为自己稿子写得不够好而深深自责的原因。

好吧，如果你非要说勤奋是一种毒品，我觉得我还需要加大剂量呢。

说实话，我真心不觉得自己有多努力。别人说，咪蒙你好强哦，你这半年就写了30多万字。我说，30多万很多吗？很多网文作者半年可以写100多万字呢。

如果说努力和拼尽全力之间有什么区别，那就是，当你努力的时候，你会觉得自己已经拼尽全力了。当你拼尽全力的时候，你会觉得自己还不够努力。

最后，我想感谢在这段时间里，在这么多个孤独的夜晚，陪伴我写作，给我鼓励，为我加油的蒜蓉小龙虾、香辣小龙虾、十三香小龙虾、清蒸大闸蟹、香辣蟹、水煮鱼、酸菜鱼、豆花鱼、松鼠鱼、水煮牛肉、草莓糖葫芦、咖喱乌冬面、亲子丼、三文鱼刺身、韩国烤肉、泡菜饼、海鲜饼、辣牛肉汤、泡菜汤、辣豆腐汤、石锅拌饭、炒杂菜、炒年糕、炒米肠、烤秋刀鱼、麻酱烧饼、香辣锅、干锅牛蛙、麻婆豆腐、口水鸡、凉拌猪肚、钵钵鸡、麻辣烫、酸辣粉、毛血旺、盐水鸭、盐焗鸡、砂锅虾蟹粥、炒花甲、糖醋排骨、酸汤肥牛、酱猪蹄、烤乳猪、虾饺、烧卖、糯米鸡、粉果、马蹄糕、叉烧包、蟹黄包、奶油鸡蛋卷、肠粉、干炒牛河、湿炒牛河、艇仔粥、及第粥、猪红汤、伦教糕、萝卜糕、咸水角、凤爪、卤牛杂、薄脆、潮州牛肉丸、普宁豆干、金针肥牛卷、菠萝咕噜肉、蒜蓉金针菇、腊味煲仔饭、叉烧、滑蛋牛肉、客家甜酒鸡、客家酿豆腐、猪脚姜、烧鹅、虎皮尖椒、糖醋里脊、蒜蓉粉丝蒸扇贝、凉瓜牛肉、香煎芙蓉蛋、蒜蓉开边虾、三杯鸡、三杯鸭、醉鸡、酱猪蹄、宫保鸡丁、夫妻肺片、鱼香肉丝、粉蒸牛肉、粉蒸排骨、猪肚鸡、回锅肉、东坡肘子、火锅、烫毛肚、烫腰片、烫猪脑、烫滑牛肉、烫豆花、烫鸭肠、烫黄喉、烫鱼片、烫肥牛、烫猪蹄、烫鸭血、烫酥肉、烫午餐头、烫泥鳅、烫牛蛙、烫牛丸、烫虾滑、烫鱼滑、烫豆腐、烫油豆腐、烫苔粉、烫豆皮、烫腐竹、烫魔芋丝、烫竹笋、烫竹荪、西红柿炒蛋、灯影牛肉、青椒鱼、担担面、红油耳丝、串串香、川北凉粉、凉面、豌豆小面、兰州牛肉拉面、老妈蹄花、冒菜、红烧排骨、冷吃兔、蒜泥白肉、老坛子、樟茶鸭、汽锅丸子、汽锅鸡、过桥米线、牛肉米线、肥肠米线、排骨米线、热干面、腌笃鲜、蚂蚁上树、杭椒牛柳、辣子鸡、红烧牛肉、肉夹馍、凉皮、米皮、大盘鸡、甜水面、钟水饺、龙抄手、锅贴、猪豚骨拉面、海鲜拉面、日式担担面、烤鱿鱼、盐烧三文鱼、烤青花鱼、烤银鳕鱼、烤鳗鱼、无骨原味炸鸡、天妇罗、草莓冰淇淋、巧克力冰淇淋、香草冰淇淋、蛋包饭、四川泡菜、宫保虾球、干烧大黄鱼、清蒸鲈鱼、松仁玉米、蛋炒饭、章鱼小丸子、东坡肉、煮千丝、煎酿青红椒、香煎芙蓉蛋、四喜豆腐、鱼香茄子煲、滑蛋虾仁、龙骨玉米汤、文昌鸡、盐鸡、梅菜扣肉、鱼头豆腐汤、脆皮鸡、黄金咸蛋卷、椒盐鱼下巴、板栗煲蹄花、酱鸭、酱鸭舌、鹅肝、醉泥螺、西湖醉鱼、熏鱼、麻油萝卜、盐水煮毛豆、马兰头拌香干、东坡肉、洋葱爆腰花、冬笋炒羊肉、干菜焖肉、铁板牛蛙、板栗烧鸡、狮子头、海苔肉松豆腐、龙井虾仁、蜜汁莲藕、红枣莲子、腐皮卷、汤圆、粽子、九转大肠、醋溜白菜、泡椒肥牛、罗宋汤、菲力牛排、海胆饭、茶泡饭、寿喜烧、酸辣土豆丝、清炒土豆丝、鸡蛋卷、肝腰合炒、凉拌牛肉、蟹黄豆花、青椒皮蛋、烟笋腊肉、椒麻鸡、椒麻排骨、小炒黄牛肉、红烧带鱼、糖醋带鱼、凉拌折耳根……（排名不分先后）

咪蒙写于北京朝阳区望京××餐馆

2016.4.18

如何在这操蛋的
世界里保持快乐?

我们知世界的复杂、

黑暗、荒谬,

依然选择面对复杂,

保持欢喜。

我的爸爸要结婚了

你的爸爸，要结婚了。

听到这样的通知，该做出什么表情、给出什么回应，我没有事先排练过。我花了一点儿时间，去了解这个句式的意义。

我的爸爸，要结婚了。

这是他第三次结婚。和谁呢？这个问题我并不想问。只要不问，它对我的影响就会减弱。只要不问，其他人很快就会忘掉。这是我超越现实的方法，似乎也不太管用了。

爸爸第一次结婚，是和妈妈。妈妈年轻时皮肤白皙、气质温婉，同时追求她的有四五个。之所以选了爸爸，因为他聪明、口才好、长得不错。

在外公看来，妈妈是下嫁。家里虽然穷，起码是书香门第。妈妈是幼儿园教师，一直做着作家梦，爱看《收获》《人民文学》之类的文学杂志。爸爸是爷爷58岁高龄生的，小学还没读完，交不起学费就辍学了。爸爸进床单厂当了工人，下班也接些木匠活儿。我家的床有极其复杂的雕花，是爸爸做的。

小时候，很喜欢待在爸爸做家具的现场，看着墨线从轮子里放出来，贴着木头，轻轻一弹，印下漂亮的黑色直线。等着刨花一层层掉下来，集齐一堆，撕成我想要的形状。在我眼里，木工真是了不起的职业，如果他愿意，可以再造一个王国。

爸爸还很会钓鱼。周末的早晨，他带我去嘉陵江边，他拉着钓竿等鱼上钩，不一会儿就能钓到好几条，够我们好好吃上一顿了。我在旁边画画，尝试用水彩表现出江水波光粼粼的样子。

爸爸更大的业余爱好是赌博，一年365天，他大概有300天都在外面打牌，除夕也不例外。

但我每一次生病，他都没有缺席过。4岁时我得了猩红热，住院一个多月，他每天下班来医院陪我，跟我比赛吃橙子，他一口气吃7个，我吃6个。6岁时我的脚后跟卷进自行车轮，一块肉掉下来，血滴了一路，他背着我飞奔去医院。7岁时我得了肠梗阻，胃管从鼻子插进去，呛得我眼泪直流，爸爸不忍心看，站在病房门口，眼眶有点儿红。

读小学那几年，爸爸每天早上骑着边三轮车（四川方言里叫"耙耳朵车"），先送妈妈上班，再送我上学，之后才折回去，骑很远的路上班。他是迟到大王。他们厂门口有块小黑板，每天公布迟到者的姓名，别人的名字是用粉笔写的，爸爸的名字是用油漆写的。

我上了初中，爸爸开始做生意，成了老板。他的身边多出一个红颜知己，也是他的合伙人。那个女人有老实巴交的丈夫，以及把活青蛙抓起来往嘴里塞的彪悍的儿子。

爸爸常常组织我们两家人聚会。有一次去嘉陵江边游泳，那个女人的泳衣肩带掉了，露出一边的胸部。爸爸很友善地提醒了她。是我早熟吗？我从他自然的语气中读出了不自然的信息。

爸爸请他们一家三口来我家吃饭。大概是沉浸在热恋中的缘故，他非常殷勤，亲自下厨做了大鱼大肉，让我打点儿杂，剥几个松花蛋。我动作慢了点儿，他着急之余，扬手给了我一耳光。爸爸不常打我，大概一年一次。这一次因为我耽误了他的意中人早几分钟吃上松花蛋，这也许就是爱情的力量吧。

那时我很胖，那个女人喜欢调侃我，说这样胖下去以后会嫁不出去。爸爸也跟着附和，讽刺我说："是啊，你晚上睡觉还嫌床太硬，一身肥肉怕什么床硬啊。"一个男人为了向心爱的女人表忠心，一定要舍得拿自己亲近的人开刀。他和她是一国的，我和妈妈成了他们的外人，以及敌人。

家里成了肥皂剧的现场，每天定时上演哭闹、吵架、翻脸无情、互相羞辱的戏码。有天晚上，爸爸按惯例在外面赌博，那个女人带了她新泡上的小白脸来我家，找我妈妈理论。因为妈妈白天骂了她，她要报仇。他们一个扯着我妈妈的头发，一个架着我妈妈的胳膊，把她拖在地上，一边拖一边打。

这是离我距离最近的一次殴打了。我就置身于殴打之中。妈妈生得瘦弱，在他们的双重夹击下，身上都是瘀青，她哭喊着与他们撕扯。从没见过妈妈如此无助、如此狼狈、如此绝望。我脑子里一片空白，身体自行下了判断，径直去厨房拿了一把菜刀，举起来，准备砍向那两个人。我撂下狠话，你们都他妈的听着，老子一定杀了你们。

一个13岁的少女，倘若瘦一点儿、美一点儿，手持菜刀，发表这么摇滚的宣言，多少有点儿cult片（邪典电影）的味道。

他们被我短短的一句威胁吓到了，放开我妈妈，忙不迭地逃跑，一路蹿下楼梯。菜刀的威慑力真不错，这段简直像菜刀的植入广告。

妈妈说，为了我，她不能离婚，必须维持家庭的完整。有时候放学回家，想到妈妈为了自己委曲求全，我开始厌弃自己。我算不算伤害妈妈的帮凶呢，如果这世上没有我，会不会变得和谐一点儿？骑着自行车，两行眼泪背叛了地心引力，被风吹着往后飘散，那画面有点儿喜感。

那段时间，我每天晚上都失眠，失眠的主题是，我该如何保护妈妈，该如何报复他们。我阅读侦探小说，设计各种杀人方案，甚至想过绑架那个女人的儿子——那个吞活青蛙的儿子。

因为长期失眠和头痛，我去精神病医院看过病。医生说，没什么大问题。或许抑郁症是种高级的病，我还不配得。

爸爸是嫌剧情还不够复杂，收视率不会太高吗？有天下午我旷课回家，打开大门，听到小房间里，爸爸和保姆在床上调笑，我心跳超速，不知所措地从家里逃出来。拿菜刀砍人的勇气去哪儿了去哪儿了去哪儿了……

对妈妈，他越来越冷漠。妈妈发烧在家，他不闻不问。一次吵架，他把妈妈推到地上，妈妈撞到床角，腰部受了重伤。爸爸说自己很善良，因为他很爱小动物，冬天怕家里的小狗着凉，半夜起床给它盖被子。这么看来，爸爸确实是宅心仁厚的动物保护主义者。可是，他的发妻，他的家人，也是动物啊。

很多时候，我的固定食谱，就是眼泪拌饭。咸咸的，味道不错。

爸妈终于离婚了。妈妈心情不好，有时候我顶一句嘴，就会给我一耳光。如果打我耳光她会开心点儿，倒也无妨。我每个月要见爸爸，需要拿生活费。爸爸说，他一直很爱我。我分不清他是在演戏，还是说，这就是所谓的人格分裂。你爱我，却以伤害我和我最爱的妈妈的方式来表达。

一年之后，爸爸多次找妈妈忏悔，声情并茂，他们又复婚了。爸爸说，他对外面那些女人彻底死心了。

爸爸"死心"之后，跟自己手下的会计好上了。他的一大特异功能是小三儿永远都是窝边草，一定要给妈妈就近的羞辱。

他和妈妈之间又调成了吵架模式。我考上大学，去了外地，他们继续吵，继续冷战，继续敌对。

寒暑假回家，爸爸和朋友们在家里吃饭喝酒，高谈阔论。他们是同类项，找小三儿，出入夜总会，以拥有多位情人为荣。爸爸说，守着一个女人过一辈子，是一个男人无能的表现。

我在自己的房间，冷冷地想，该给你们发奖杯，表彰你们的乱搞吗？

他们谈出兴致了，探讨起夜总会小姐的使用心得、性病治疗经验、包养各种款式女人的价目表来，气氛非常热烈。我的爸爸也许早就忘了，自己的女儿就在隔壁。当他欢快地跟朋友们分享自己跟一个洗脚房姑娘砍价的故事时，我很想做点儿什么，比如割开自己的动脉，把不太干净的血，打包还给他。

时隔多年，如果可以，我想回到那个晚上，告诉爸爸我自己的狭隘理解。所谓成功，无非就是你身边的人，因为有你而感到快乐。而一个男人，能给你孩子最好的呵护，就是永远爱他的妈妈。如果你做不到，至少不要太嚣张、太自我，这会影响孩子对人性的判断。人性固然是复杂的，但没必要撕毁得如此彻底。

有一次我去大学同学家，饭桌上，看到她爸爸给她妈妈夹菜，耐心地听她妈妈唠叨，说自己在家里的地位排名第四，仅次于老婆、女儿和一条狗。我突兀地起立，假装去上厕所，让眼泪可以自由释放。原来正常的家庭是长成这样的，正常的爸爸是使用这些语言的。

这些事，这些感受，我从不对身边的朋友讲。说出来又怎样呢，考验对方安慰和敷衍的技巧吗？不过是徒添尴尬罢了。我擅长装开朗，开朗到浮夸的程度。总有人说，单亲家庭的人心理多少有些不正常，我努力扮演正常，还不行吗？

是的。单亲家庭的孩子都是演技派。

父母再次离婚。

听到这个消息，我有点儿解脱。单亲家庭总比虚假家庭好。妈妈现在回想起来，自己最大的错误，就是没有在发现丈夫出轨且翻脸无情时及时放手。对老派的中国人而言，离婚是一个惨烈的词，妈妈总想绕过它，她多花了十几年，浪费在一个不爱自己的男人身上。而一个不爱你的男人，他的破坏力是强大的、可持续的、螺旋上升的，他不吝每天展示全新的冷漠无情。

离婚之后的妈妈反而变得轻松愉悦，她把和爸爸斗气的时间省下来，做自己真正喜欢的事儿，重新学习与世界相处。她学跳舞、读小说、玩儿微博、听音乐会，这世上，少了一个苦情女人，多了一个文艺师奶。

而我，目睹爸爸和他同辈的大部分男人，对自己的发妻从细心呵护到横眉冷对，爱情完全就是易碎品，随时毁坏，随时另起一行。那时候，我怀疑所谓永恒的爱情，只是文艺作品里的意淫，山盟海誓是自欺欺人，厮守一生是痴人说梦。

"幸福的人是沉默的，他们只顾着幸福，舍不得拨出时间来展览自己的完满。不能因为你没看见，就否定真爱的存在。"暗恋我10多年的男人对我表白之后，我说爱情都是瞎扯淡，他这样回答。他是我的幼儿园同学，小学、初中都是同班，大学毕业之后，我们先后到了同一个城市，在同一个单位、同一间办公室工作。从恋爱到结婚后，这11年，我们几乎每天都24小时相处。他说，他爱我，早就超过了爱自己。他用他的坚定、他的顽固、他的偏执，治好了我的悲观。

有人说，你的爸爸，又何尝不是10多年之后，才感情变异的呢？是的，曾经完好的家，也几乎是在一夜间瓦解。对于单亲家庭出身的人而言，安全感是稀缺资源。身处幸福之中，反而有隐隐的负罪感。我配吗？接下来会进入灾难时段吗？我想掐幸福一把，增加点儿真实感。如果我特别珍惜它，挽留它，幸福这家伙是不是可以跑得慢一点儿？

爸爸因为生意失败，这几年过得相当落魄。当年豪掷万金的他，现在吃一碗十几块的红油抄手都心疼不已。

我也许该恨他，但是送我上大学时，他的不舍，他的眼泪，是真的；每次打电话，他对我的叮嘱和念叨，是真的；每次见面，他不再笑我胖，让我多吃点儿长胖点儿更健康，是真的；我过年回家生病打吊针，他在旁边担心不已，是真的；他哪怕经济上再窘迫，也不好意思主动跟我说，怕增加我的负担，是真的；我过生日，他打电话，很感慨地说，还记得我出生后的第一声啼哭，也是真的。

最近他要结婚了。他跟我妈妈打电话，深情表白，在他心里，我是第一位，我妈妈和我外婆是第二位。我不知道现在和他结婚的女人，是和我并列第一，还是和我妈妈、我外婆一起并列第二。爸爸也许不是影帝，只是他的感情总是呈网状分布。

他最早的那个情人，那个气势汹汹地带着小白脸来殴打我妈妈的女人，我还来不及报复，她就得了乳腺癌，切掉了一只乳房，不知道是不是游泳时走光的那只。

是地下天鹅绒说的吗：哪里有什么安之若素，我只是把他们相信奇迹的时间拿来相信报应了。

如何在这操蛋的世界里保持快乐？

我说过，我的情绪分为高兴、很高兴和非常高兴。

每一个跟我相处过的人，都觉得像我这种24小时脸都笑烂了的傻×，肯定是从出生到现在就一帆风顺，人生的最大挫折就是眼睫毛又掉了两根吧？等他们看到我写的《我的爸爸要结婚了》，都觉得不可思议。从这种家庭出来，怎么可以这么乐观、这么二？

其实我爸这事儿还有新进展。前年底，我爸让我给他8万块，他拿来给情人作为分手费。因为纠缠这么多年，他也腻了。呵呵，他也说得出口。我没理他。于是他就没跟小三儿分手，于是小三儿就怀孕了，于是去年生了个儿子。不得不说，我爸肾功能真好。我的弟弟，比我的儿子还要小7岁。人生还能更无厘头吗？

比这更荒诞的是，我爸说起这事儿，认为造成这种后果都怪我。谁叫我不给那8万分手费呢，害得他现在60多岁高龄还要抚养小孩，多可怜。我去。我被他的神逻辑惊呆了。

即使如此，我还是该干吗干吗，继续没心没肺地活着。

坦白说，今天要不是写这篇文章，我差不多都忘了这事儿了。不然呢，我该每天以泪洗面吗？我以泪洗面，这事儿就能解决吗？

到底为什么我可以做到这么乐观？为什么很多人跟我经历的事儿的狗血程度差不多，甚至比我还轻点儿，却比我痛苦一万倍？

柴静在《看见》里说过一句话：痛苦不是财富，对痛苦的反思才是财富。

我总结了一些我的独门经验，对大家或许有用。

1. 别以为快乐和痛苦是一种情绪，你左右不了。不是的。

对一件事怎么看，你会做出什么反应，不是情绪决定的，是你的思维方式决定的。坏事有多坏，取决于你自己。同样是踩到一坨狗屎，有人觉得自己走了狗屎运，搞不好要发财了，于是暗爽；有人觉得狗屎这么脏，自己倒了血霉，于是沮丧……你看，你开不开心，不是屎决定的，是你怎么看待这坨屎决定的。你的情绪，你是可以"管理"的。有了这个基础认知，我们才能来谈怎么让自己更快乐。

2. 不要为自己控制不了的事纠结或难过。

通常一件坏事发生，我首先会考虑的是，这事儿我能控制吗，能改变它的走向吗？就拿我父母的事说，他们离异，是我的错吗？不是。我如果难过下去，对他们和好，有帮助吗？没有。我如果乐观起来，带动妈妈也变得乐观，是不是更好？那么，就让眼泪滚回泪腺，我乖乖地读书，努力上进，考上研究生，找个自己喜欢并擅长的工作，写书，延续妈妈的作家梦。只有我自己变得强大，才能保护妈妈。所以，我不会把时间浪费在难过上。与其去纠结自己改变不了的事儿，不如去做些什么，让自己过得更好，唯有自己变好，才能守护自己的所爱，其他都是废话。

3. 在一个比较长的时间轴上看当下的苦难。

当我遇到一件不爽的事儿，我就会想：三年之后我还会在意这件事儿吗？还会记得吗？答案往往是并不会。既然不会，那我现在生个屁的气啊。赶紧节省时间滚去看电视逛淘宝胡吃海喝啊。想一想有多少你当初觉得天崩地裂的事儿，现在看来就是些鸡毛蒜皮。人生多短啊，从出生到死，只有900个月啊，难过一分钟都是巨大的浪费。

4. 所有金钱上的损失我都特别想得开。

损失了钱，我会想：这钱回来了，我就会成为百万富翁吗？不会，那有啥好难过的啊。认识一姑娘，她帮朋友充电话费，结果50块充到陌生人手机里了。陌生人也够贱，不肯还给她。为这事儿她难过了一周。关键是这姑娘月入四五千，这50块也不是救命钱。难过这么久，钱就回来了吗？不会啊。所以我有任何金钱上的损失，都特别看得开——不是因为我有钱，而是因为我难过有个屁用，还不如努力提高自己的专业技能，以后赚更多的钱。

5. 任何事都不如你的快乐更重要。

记住，永远把快乐放在你的价值排序第一位。上面那个姑娘，为了50块钱，她花了7天时间去难过，她的7天时间，只值50块？我们的快乐才是无价的啊。我每次看到身边很多人为了"室友今天没倒垃圾""今天发的朋友圈老同学都没给我点赞"这类芝麻绿豆大的小事儿耿耿于怀的时候，就特别痛心，有这时间去看看电视也好啊。

6. 永远不为身外之物伤心难过。

是的，我不爱惜东西。新手机被划了道口子，我不会心痛，那是我使用过的痕迹啊，有什么关系？你不觉得有点儿伤疤的手机更酷吗？跟别人的不一样。哪怕买了名牌包，我也是随便乱扔——再说一遍，不是我有钱，而是当我不能随心所欲使用一样东西的时候，我不会买。很多东西不是你买不起，是你用不起。看过一个小故事，一个姑娘因为虚荣买了个香奈儿的包，和一帮有钱的朋友去夜店，朋友们把包包都扔地上，姑娘也忍痛扔地上，一晚上她都为自己新买的包提心吊胆，好不容易熬到聚会结束了，她看到自己的新包上挂了个印子，为此哭了一夜。何必呢？

7. 从不执着于任何买不起的东西。

我快乐的一大原因是我的欲望很简单，每天都能吃到喜欢吃的东西就很幸福。我能为吃到好吃的煎饼馃子、麻酱烧饼、小龙虾这种小事儿开心很久。我根本不会迷恋任何名牌。我买名牌是因为它们好看或者质感好，不是因为它们能证明我牛×。一个傻×，就算是开着玛莎拉蒂，也不过是开玛莎拉蒂的傻×。

8. 不要执着于面子这回事儿。爱面子的人，通常都没什么面子。

你说如果马云现在衣服扣子扣错了，或者提一皱巴巴的包包，你会觉得他很矬，很没面子吗？不会，因为他是马云。面子不是你想装就能装出来的。你有没有钱，你有没有趣，你有没有用，这些事儿决定大家对你的评价。有些男人，强迫老婆在外人面前对他言听计从，显得他有面子，我觉得特别搞笑。如果你足够强大，你跪舔你老婆，反而显得特萌。你的面子要靠你的女人帮你挣，还能比这更寒碜吗？对于那些靠欺负弱小来显得霸气的傻×，都不配被我骂。

9. 我的每一次付出都是心甘情愿，所以失去了也不会心理不平衡。

最近最喜欢的一句话就是，那些在感情中只求付出不求回报的人，往往都会如愿以偿，得不到任何回报——这就是我从不无私奉献的原因。比如我很讨厌很多父母说自己带孩子牺牲多大多大，谁让你生了？不是你自己的选择吗？为孩子牺牲睡眠、牺牲娱乐、牺牲自由的同时，我得到了与他相处的快乐，我得到了重新当一次小孩的乐趣，我享受每一天跟他互相毒舌、互相羞辱的愉悦。这本身就很爽了啊。

10. 总是觉得自己很幸运，总是想着自己得到了什么。

我每天都觉得自己特幸运，今天又看了场好电影，读了篇文笔超好的网文，爽！而对于讨厌的人、讨厌的事儿，我总是很快就忘了。为什么有些人显得运气特好，有些人显得运气特坏？英国心理学家理查德·怀斯曼做了一套实验，表明运气和你的思维方式和行为习惯相关，幸运儿总是发现事情好的一面，所以形成良性循环。

11. 我的每一天都是抱着人生最后一天的心情活的。

很多人以为开心的人是因为乐观，其实不一定。在宏观上，我是很悲观的。我不知道未来会怎么样，所以我只在乎现在，我只享受当下。我要永远活在"任何一天死掉，都已经赚到了"的状态。每一天我都选择做自己喜欢的事儿，跟自己喜欢的人在一起，绝不委屈自己。

12. 想明白自己不要什么。你之所以不开心，是因为你贪心。

为什么很多人总是不快乐呢？因为他们什么都想要，钱、权力、美貌、智慧，哪样都艳羡。仇富是最广泛的情绪。如果你不曾羡慕，你就不会觉得别人在炫耀。我的一个朋友，老公是上市公司总裁，她经常跟我抱怨老公陪她的时间太少，她也成天因为这事儿跟老公吵架。我就说，男人哪，分两种，有事业的和顾家的，你只能选一样。我家罗同学从来没有事业心，每天的兴趣爱好就是打游戏，梦想是40岁退休，当混世魔王。可是他顾家啊，对我好啊，这不就够了。我从来不介意他赚钱比我少，也从来没有羡慕过谁的老公多牛×多有钱。因为钱我可以自己挣，我只要他对我好。想清楚，自己要什么和不要什么，不要的，不管别人拥有多少、多么高调，关我屁事儿。

13. 任何事我失败了，我都不会觉得自己亏了。

总有人说，我跟男友谈了四年，他把我甩了，我亏大了啊。可是谈恋爱的过程中，你不快乐吗？你不幸福吗？你没学到什么吗？当你深爱一个人的时候，你会学到他的一切。如果这些答案都是否定的，那你之前为什么要跟他在一起，你有病啊。只要在做一件事儿的过程中，你得到了快乐，你学到了东西，不管结果如何，你都没亏啊。

14. 不要太在乎路人的看法，人生的悲欢就是被身边几个人决定的。

不要让那些你不认识的人——网友、餐厅服务员、公交车上的大妈左右你的情绪，把自己变得强大、变得可爱，让身边的人快乐，这就是最大的成功。至于其他人，关你屁事儿。

15. 想办法爱上自己。

痛苦的根源不是来自外在，而是来自对自己的不满。只有真正爱上你自己，你才能得到有质感的快乐。爱上自己这件事儿，我花了很多年才完成，中学、大学阶段我都非常自卑，因为胖，因为矮，因为不喜欢自己的一切。我试着分析自己最重视的是什么，自己最羡慕的别人的优点是什么？是聪明，是有知识，是有思想，那么，我努力培养自己的优点。为此我找到了自己的快乐之道，快乐是什么？快乐就是进步，今天知道的知识比昨天多，就安心了。所以看书是我治疗自卑的唯一方法。也许每个人在意的不一样，你喜欢有钱的人，那你就去赚钱。你喜欢好看的人，那你就去变美。总之要变成自己喜欢的人，你才会快乐。当你有一件最擅长的事儿，你做得很好，有这个打底，别人讽刺啊，挑剔啊，讨厌啊，根本不值一提。

我喜欢这个功利的世界

"同学会是这个世界上最恶心的发明。"

前天晚上，一个大学学弟在朋友圈发了这句话。然后他微信我，问我能聊聊吗？再不找个人聊聊，他要气得爆炸了。上周他参加了高中同学会。他曾经是班里的学习委员，理科学霸，人缘极好。这次同学会，他是抱着特别期待的心情去的，本以为可以和曾经关系很好的同学们好好缅怀一下热血的傻×的青春，顺便打听一下有什么好的工作机会——他所在的杂志社快要倒闭了，想问问老同学有什么门路。没想到，大家听说他现在只是一个屌丝杂志社的屌丝编辑，象征性地跟他喝了杯酒，就转而去巴结当晚人气最高的同学了。

那个高中时代毫无存在感，成绩平平、长相平平，连槽点都没有的眼镜男。

因为，他29岁，已经是律师事务所的合伙人。就连班上混得很不错的创业公司老板啊，总裁特助啊，都跟律师同学称兄道弟，咨询法律问题，讨论以后可能有的合作，活像当初他们有多熟似的。

学弟很愤慨：这个社会太功利了。以前这帮人，想借他的笔记，想抄他的卷子，一个个跟孙子似的，如今在他面前全成了大爷。以前连屁都不敢放一个的屌丝眼镜男，倒成了抢手货。

还有比这些人的功利嘴脸更恶心的吗？

一年前，我会非常同意他的说法。

那时候我写的剧本被圈中大腕看了，很欣赏，评价是"惊艳"，他们公司决定投资几千万力捧这个剧，并且保证可以上××卫视，档期都定了。然后这个剧开始选演员、拍样片，在圈内一定程度上也传开了。那段时间，每天都有各路人马辗转找到我，有投资商说让我给他们也写个剧本，条件随便开，去海南租个别墅写都行，想去马尔代夫度假也行；有牛×影视公司的部门负责人提出想给我开个工作室，地址都帮我选好了，豪宅啊，太感人了；一个土豪以前做房地产的，想转投影视行业，每天请我喝早茶，跟我聊她传奇的一生，然后说要给我投2000万帮我开个公司，我被她的热情吓呆了。

我感觉，怎么这么多"小伙伴""好朋友"同时上线了啊。

然后没过多久，因为各种原因，我的剧上不了××卫视了。小伙伴们一听说这事儿，几天之内就迅速下线了。再也不约我喝茶，再也不跟我谈理想谈人生，再也不跟我规划未来了，仿佛从没认识过我一样，仿佛之前的一切都是我意淫的一样。演技真是棒棒哒。

当时我对影视圈最深刻的感受就是，这个行业真的是跟红顶白翻脸不认人啊。当时那个影视公司的人，跟我见面的时候一直吐槽圈内某个编剧，骂他是傻×。写了一部电影之后就觉得自己了不起了，之后的作品一部比一部烂。但是在朋友圈，那个他所谓的"傻×编剧"发的每一条信息，他都会第一时间冲上去点赞。"傻×编剧"今年又有一部作品火了，他专门发了一条朋友圈盛赞这个作品，夸这个编剧太牛×！

能势利到这个程度，也是一种境界。

我也想过，他真的忘了跟我吐槽过这个编剧吗？他没发现我们在共同的朋友圈吗？其实更大的可能是，他根本就不在乎我怎么看。

比起一个当红编剧，谁在乎另一个屌丝编剧的心情啊。

事实就是这么残酷。

社会就是这么现实。

然而，有一天我突然想通了。

功利不好吗？

功利的背后，不就是告诉我们真正的游戏规则吗？

要么你超越这些，忠于自己，不在乎别人。

如果你在乎，你想获得尊重和赞美。

很简单，你先变得牛×啊。

当初他们对我各种示好，不是因为我牛×，而是因为××卫视牛×。当我跟××卫视失去关联了，我就屁都不是了。如果有朝一日，我不用靠攀附××卫视获得认可了，说明我才是真的牛×了啊。这不是一件很鼓舞人心的事儿吗？这个圈子看起来很浮躁、很现实，可是规则极其透明，什么都不看，就看你的作品。不管你是导演、演员还是编剧，凭作品说话。你拍的是电视，凭收视率说话。你拍的是电影，凭票房说话。你要是不屑于商业，那好，用奖项说话。

一想到规则这么透明，我就非常安心。

很多人会说，那还有各种潜规则存在呢。其实呢，潜规则也是规则的

一部分。你可以选择要不要潜规则，你自己承担后果。

更重要的是，功利的背后，它承认的是你的努力。

没有任何收视率、任何票房、任何奖项是单靠投机就能获得的。想通了这些，我再也不会抱怨这个圈子现实、这个社会功利。当别人对我满不在乎的时候，说明我的专业水平还太low，我会乖乖去钻研自己的业务，提高技术，再努力100倍。当别人对我友善了一些，我应该庆幸，我居然有利用价值了，说明我进步了呀。这不是一件很美好的事儿吗？！

你没发现吗？所有行业不都这样吗？

当你不够强大的时候，你想要一个小小的机会，都没有。

当你足够牛×的时候，你的面前有一万个机会，你挡都挡不住。

当你足够优秀的时候，你想要的一切都会主动来找你。

好处是什么？你不需要有什么杂念，花时间去抱怨。找到你喜欢并擅长的事，尽最大努力把它做好，机会自然就会砸过来。那句很流行的话是，今天你对我爱搭不理，明天我让你高攀不起。后面这句完全是屌丝意淫，**我们必须知道的是，要让人家高攀不起，我们需要付出多少倍的努力！**

回到文章最开始的故事。

我问学弟，能告诉我你最努力的是什么时候吗？他说就是高中，那时候他非常勤奋，非常好强，家里也管得很严，所以他学习很拼，成绩很好。上了大学，感觉没人管了，大半时间拿去打电玩、谈恋爱了，毕业了也是随便找个工作，图个安逸。

我说对呀，以前的同学对你好的时候，恰恰是你最努力的时候，你这些年混吃等死，凭什么想赢得他们的尊重啊？凭什么还指望人家给你提供工作机会？反观你的同学，那个眼镜男，从他的角度看，不是非常励志的屌丝逆袭的故事吗？高中的时候成绩平平，大家假装看不见他，他能拿到律师执照，能奋斗到律师事务所合伙人的地步，这里面有多少艰辛，大家都能想象得到呀。所以，人家凭什么不能被巴结呢？凭什么不能得到更多合作机会，得到更大发展呢？说明这个社会很公平呀。

我们不要指望别人有义务拉你一把。人家又不是你亲爹亲妈，凭什么要惯着你啊。

这个世界就是马太效应。

你越牛×，机会越多。

没有什么雪中送炭，这个世界只有锦上添花。

你想要锦上添花，你得先变成锦。

你觉得为时已晚的时候，恰恰是最早的时候

我把公司从深圳搬到北京了。

8月份决定的。

9月底就搬好了。

每个听说这件事的人，都惊呆了。大家都问，那，你老公罗同学怎么办？呃，众所周知，罗同学是个超级忠犬（不炫耀我会死啊）。他总是深情地看着我，说：老婆，你去任何地方，我都会屁颠屁颠跟去的。我不要全世界，我只要在你身边。

我说：好呀，那我要去北京。

他说：啊？

他居然犹豫了。当然，后来慑于我的淫威，他也只能屈从了。我终于成功地变成史上最老的北漂——之一——了。

旁人都觉得我牺牲好大，在深圳待了13年，放弃了那么多，说换一个城市就换，好有勇气。尤其是，这么大年纪了，还这么折腾，太不容易了。我并没有那么苦B。对我来说，在我最喜欢的媒体工作了12年，做的是我最喜欢的编辑工作，业余时间写书，这样的人生，很爽。现在，我进入影视圈，成为这个圈子最老的新人。

在北京，重新开始，重新适应一座城市，重新认识一些朋友，重新拥有自己的圈子。没有车了，我可以搭地铁，听听京片子，学习儿化音，还挺萌的。没有房子了，我可以租一个房子，有一个新款的家哎。我可以过另一种人生。

我——他——妈——赚——大——了！

一般人只能过一辈子，我过了两辈子哎。是不是很幸运？

为什么我可以这么二，这么没心没肺？我真的对任何改变没有过挣扎和纠结吗？不是的。

两年前，很偶然的机会，我接了个剧本，要写一部情景喜剧。

我从很多年前开始，就是那种看韩剧都会记下好台词，看天涯八卦都会记下好句子，看路边的广告牌都会记下好修辞的死变态。我以为，凭我这么多年的积累，写个剧本不是很容易嘛，秒杀那些傻×编剧嘛。并不是。任何一行要做好都很难，需要绝对的专业度。同行的编剧，要么是多年科班出身，人家专业就是学这个的；要么就是在这行待了很多年，有专业的积累。

我写得并不顺利，无数次卡壳。写完了，和经典情景喜剧一对比，这是什么狗屎！我无数次问过自己，我这么老了才开始做编剧，开始得是不是太晚？但是当我看到一句话的时候，我就释然了。

你觉得为时已晚的时候，恰恰是最早的时候。

是的，我30多岁才开始学编剧，确实太晚。可是我确定自己喜欢这行，既然迟早要做，相比四五十高龄，我现在做，就已经是最早的了。

我们所在的每一天，不都是我们生命中最年轻的时刻吗？ 所以，与其花时间去挣扎、去纠结，不如现在就滚去好好努力，缺哪儿补哪儿。

我把能买到的所有编剧专业书都买来，一本一本地精读。

我把经典的剧本，比如《肖申克的救赎》，直接背了。

我把《老爸老妈浪漫史》看了4遍，笔记都记了6万多字。

正因为我比别人开始得晚，我更是对这行充满了敬畏。

正因为老了，没有更多时间可以挥霍，我才要更珍惜现在，极致专注，爱我所爱，做我所想。

因为我深信，最痛苦的事，不是失败，而是我本可以。

以前当记者的时候，认识了一个姑娘。她的故事的狗血度简直超过韩剧。

跟她相比，我的人生不值一提。

18岁生日之前，本来要高考了，她家出事儿了。爸爸豪赌，把家产输光了，高利贷找上门，说不还钱就要把他爸弄死。她妈妈吓坏了，情急之下，把她卖给一个58岁的老头。老头是开工厂的，愿意出她家欠的钱。她哭，哭也没用，还是得去。被睡了才发现，老头有老婆，还有两个。她就是一妾。

她怀孕了，生了孩子。四年之后，老头脑溢血死了。所有人都觉得她人生完蛋了。有人给她介绍别的老头，让她继续当二奶。她坚决不。她数学很好，她一直想考到会计资格证，成为一名会计师。她带着孩子，换了个城市，开始打工，什么工作都做过。只是累倒还罢了，更要命的是穷。最艰难的时候，她每天只吃一片面包，还分两次吃。饿

25 / 280

到路过沙县小吃，都想进去打劫。

白天拼命工作，晚上自学财会，花了比旁人多几年的时间，直到31岁才拿到会计证。现在她38岁，是一家公司的财务副总监。问她这么牛×，到底是什么力量在支撑她？她说，高中的时候，她是班上最刻苦的学生，她的老师很喜欢她，鼓励她说："以你的努力程度，你的人生最坏的结果，也不过是大器晚成。"

这句话让她永远都不会放弃自己。

奇迹不过是努力的另一个名字。

时间不会改变一切，能改变一切的人，只有你自己。

王石说，他最佩服的人，是褚时健。

他的人生才是大起大落。牛×哄哄的企业家，一夕之间跌了下去，坐了牢。从监狱里出来，褚时健已经70多岁了。他决定重新创业。

王石去云南看望他。褚时健的满头白发与创业的豪情，在那一刻触动了王石："你想象一下，一个75岁的老人，戴一副大墨镜，穿着破圆领衫，兴致勃勃地跟我谈论橙子挂果是什么情景。我当时就想，如果我遇到他那样的挫折，到了他那个年纪，我会想什么？我知道，我一定不会像他那样勇敢。"

有人说老是什么？老就是，买香蕉都不敢买绿的。

怕香蕉还没放熟，自己就挂了。

褚时健完全不是。

橙子挂果要6年，而褚时健当时已经75岁了。

75岁的他，在期待81岁时的成功。

这个故事真他妈的酷炫。那些说哎呀我都28了才开始学法语会不会晚了点儿？我都34了去学法律应该来不及了吧？你们好意思吗？！

老不过是你想偷懒、想逃避、想放弃的借口。

"命是弱者的借口，运是强者的谦辞。"

有个梵高奶奶，70多岁才开始学画画，然后在香港开了个人画展。

王德顺知道吗？就是之前微博上很红的走T台的79岁大爷，在《重返20岁》里演爷爷李大海。他也是个怪咖。49岁才开始北漂（妈呀总算有人开始得比我还晚），60岁才开始练肌肉，65岁才开始演影视剧，79岁走红。

据说海尔集团张瑞敏，66岁，迄今还保持每周读两本书，一年读100多本。

我希望等我真的老了，也能这么牛。

60岁，去美国留学，读个电影学硕士博士啥的，保持那种每天都在进步的状态，顺便观摩校园里的小鲜肉。唯唐想来找我玩儿，我很不耐烦，没空没空，老娘忙着呢。我才不要当那种坐在家里眼巴巴盼着孩子来看我一眼的可怜老人呢。他不来看我，还成犯法了。我不要。

不管多少岁，不管在什么年纪，我都会努力，因为我只不过是想成为自己喜欢的那种人。

40岁的时候，我会感谢那个20岁的努力的自己。

60岁的时候，我会感谢那个40岁的努力的自己。

80岁的时候，我会感谢那个60岁的努力的自己。

很喜欢一句英文谚语：种树的最佳时间是25年前。仅次于它的最佳时间是现在。

别扯了，这世上根本就没有怀才不遇

多年前，我在一个文学网站写小说。我自认为文笔棒、B格高。每天好纠结啊，马上就要红了怎么办哪？我的才华横溢就要掩盖不住了啊。

然而，这篇小说总点击数才几百，收藏人数多达一个。你没看错，是一个，个位数的个。多半儿还是我亲戚。我不服啊，我去问一个喜欢看网文的朋友。

我当时的原话就是：好伤心，网友们是瞎的吗？看不到我的才华吗？

朋友答：我在这家网站混了这么久，实话跟你说，你的小说没人看，只有一个原因，你写得不够好。只要你写得足够好，一定会有人看，一定会红。

醍醐灌顶这个词，一定是为当时的我发明的。

我以前写剧评写影评的时候，遇到一些烂片票房特别高，烂剧收视率特别好，我就特别愤慨：观众们是傻×吗？后来我试着拍了点儿网剧，我发现，观众绝对不是傻×。因为我的网剧中的缺点，观众们一个都没放过，并且他们吐槽得好有趣，好有道理！这告诉我一个真理，我当时拍的，连烂片烂剧都不如。

然后我态度就端正了，老老实实写剧本，吭哧吭哧地重新学习。

正因为观众不是傻×，更让我对这个行业充满了敬畏。

现在写剧本，每天都像最极端的强迫症一样，去死抠一句台词、一个笑点、一个小情节。

当对方拿到剧本说"挺好了不用再改"的时候，我们还会自虐式地再审视几遍，看能不能改得更好一点儿。

哪怕多一句金句，也是多一个被观众喜欢的机会啊。

当我们每天只能睡四五个小时，时间不够用的时候，我们还是嗑一粒止痛药，挤出睡眠时间，去学习新的东西，学习新的技术。

这没有什么牛×的，这就是这个行业应该有的态度。

以前我总是委屈，我写的剧本挺有意思的，为什么还没有一线影视公司来找我啊？不是说这个行业缺编剧吗？当我真的努力了，真的有一点儿进步了，才发现，这些努力和进步，大家马上就能看见。

这个行业是缺编剧，但绝对不缺自以为怀才不遇的傻×。

我以前带过一个实习生，文字是真好，情商是真低。

那时候他大四，在我们这儿一边实习，一边找工作。他自恃才高，非全球500强不进。然后，他在办公室接对方人力资源打来的通知面试的电话。我听到他说："喂，你哪家公司啊，我投过你们家的简历吗？我不记得了，我在招聘网上群发的简历。你先介绍一下你们公司吧。"

有一次他面试回来，超级不爽，说对方不重视他，跟另一个应聘者聊了半小时，跟他只聊了五分钟。他当时就放话了，不招我是你们的损失！我只想说，这种情况下有哪家公司会招他，那才是×了狗了。我给他提了点儿建议，让他说话不要这么拽。

他瞄了我一眼，说，我知道，你觉得我情商不高是吧？我跟你说，真正有才华的人，是不屑于什么狗屁情商的。

以为自己是牛顿还是谢耳朵啊。

情商也是才华的一部分。

情商也是智商的一部分。

我实在不懂，一个连话都说不好的人，有什么资格谈才华。最近听说这个男生第八次跳槽了，用他的话说，迄今为止还没遇到真正有眼光的伯乐，赏识他的才华。

当你等待伯乐的时候，是不是该先搞清楚一个前提：你真的是千里马吗？

我认识一个女作家。我跟她见过三次面，每次都是一群人，每次她都在抢话，每次她都只说一个主题，黑另一个女作家。该夸她执着以及专一吗？

她说，另一个女作家根本就不是凭实力，借着"美女作家"的幌子，成天发自拍，抛头露面，挡歪门邪道。

我想说的是，这就是个看脸的世界。

脸长得好看，也是一种硬实力。

平心而论，她吐槽的女作家长得是真美！你要是不服人家长得好看，那你去变美啊。你在这儿说人家坏话，你皮肤就能变好，你胸部就能变大吗？

她说，另一个女作家只会混圈子，靠认识很多圈内大咖帮她站台，所以每次出书销量才这么高。我就呵呵了，你这么介意，你也去认识啊。每次聚会，在场的也有大咖，你把时间花在瞎BB上，那么猥琐，能让大咖对你有好感吗？她说，另一个女作家只会炒作，制造话题，而且每次书名都取得特别取悦读者，所以出的书销量才那么高，不要脸。唉，你这么不爽人家的书大卖，那你也学她的技术啊，你也取个读者喜欢的标题啊。你既不想取悦读者，又想销量高，那你是不是太贪心？

然后她的结论还是，明明她的小说文字更精美，节奏感更好，叙事更有章法，却卖不动。唉，怀才不遇，真伤心啊。

写作圈、影视圈都有不少这样的人，自以为站在艺术那一边，摆出高冷范儿，看不起商业，回头又不爽别人的作品畅销。既要高冷，又要市场，也不是不行。伍迪·艾伦挺高冷的，王家卫也挺高冷的，东野圭吾也挺高冷的。你有人家那才气吗？你既然才气够不到，又要选择高冷。在市场上受挫，又怪老天不长眼。每次听到这些人说自己怀才不遇，我都有点儿恶心了。

"怀才不遇"这四个字，听上去就有种怨妇味儿。

特别负能量。

那些说怀才不遇的人，他们真正想说的是什么呢？

他们想说的是：我们之所以没有成功，没有红，全是这个世界的错。

世界为什么不懂事点儿，跪舔我们？

为什么就不能根据我们的喜好，来修改游戏规则？

我们什么都好，就是外界条件不给力。

上司不赏识我们，同行是贱人，马云不是我爹地（Daddy）。

是的，这些理由是最容易被自己接受的。

我是无辜白莲花，身边全是瞎了狗眼的奸诈小人。

于是，一种悲壮感便油然而生了。

我必须说，别扯了。

以前当记者的时候，我采访过很多很多人，最真实的感受就是：每个行业最红最厉害的人，才华、努力、人脉、方法，至少某一项有强大的过人之处，基本没有例外。

越高端的人就越牛×。

别扯了，这世上根本就没有怀才不遇。

你不成功，只是因为你还不够牛×。

我是如何成功地把一家公司开垮的

前年11月，我在深圳开了一家影视传媒公司，它叫万物生长。

当时，我对中国影视公司地理分布极其不均衡深感痛心。为什么几乎全中国最牛×的影视公司都在北京、上海？我要开一家中国南方最生猛的影视公司。

北有华谊兄弟。

南有万物生长。

我要向整个华南区郑重道歉：对不起，我们来晚了！

我们一出场，格局就特别大，志向就特别高。我们要做全球最酷的公司。我们的企业文化、人事制度，都是参照全球一线公司去设计的。苹果、谷歌、Facebook（脸书）之类的。我们公司的寓意就是：重建秩序、万象更新。

当然，办公司也不能这么浮躁。我向员工们承诺，咱们也不要发展太快，两年之后上市就行了。

结果，在我的英明领导下，还不到两年呢。

直到去年8月，才10个月。

我的公司，万物生长……

就特么……

倒闭了。

1. 不赚钱的企业，就是在犯罪。

我是一个有准备的人。刚开公司，我就研究了乔布斯和马克·扎克伯格。只有他们这个量级的，才配当我的精神导师。毕竟我是即将成为全球一线企业家的牛人。他们开公司的终极目标不是为了赚钱，而是为了追求卓越，为了改变世界。太酷炫了。

我成天跟员工们强调这一点，I have a dream（我有一个梦想），我想做出最牛×的影视作品，改变国产影视业。我开公司绝对不是为了赚钱，赚钱太低端了。

我的一个员工说，老板，我第一次听你说这话的时候，我觉得吧，你不是个骗子，就是个傻×。相处一段时间以后，我确定了，你就是个傻×。

我不服。

于是，我用将近一年的时间证明了，他是对的。

我特么说到做到，说不赚钱，就不赚钱。

到去年8月，公司投入的400万全部亏完了。

账号上一分钱都没有了。

当月工资都发不出来了。

马云说过，不赚钱的企业是不道德的。一个企业应该为自己不赚钱而感到羞耻。

不管一个企业的价值观是什么，终极梦想是什么，你首先要做的，是赚钱。**所有创业狗都要记住，千万别想着我先投入，以后再赚钱。我们从一开始就要赚钱。**

你连团队都养不活，有什么资格谈论要改变世界？你连当月工资都发不出来，有什么资格谈前景？

你连赚钱都不会，有什么资格谈梦想？

赚不赚钱是检验你商业模式的唯一标准。

请记住：好老板跟员工谈钱。

坏老板完全不谈钱，只跟员工谈情怀、谈梦想。

2. 核心技术都没有，谈企业文化，扯淡！

前年11月，我们公司发布了一则招聘启事。

被称为史上最有趣的招聘广告之一。

同时也是我们公司花样作死的证据之一。

看看这些话：

"是的，我们公司工作餐都是大闸蟹水煮鱼海底捞，但我们不是新东方烹饪学校，人家真的是影视公司啦。我们的主业是吃，抽空会做正事儿。"

这种公司不倒闭，简直天理不容好吗？

那时候，我忙着构建公司的企业文化：快乐、成长以及炫耀。我忙着一个人身兼数职，营销、发行、拉广告。我还花了很多时间，忙着给员工们做好吃的。几个月之后，效果很显著，员工们人均胖了10斤。

一个连产品都没做好、核心技术都没确立的公司，根本就不配谈什么企业文化。

我学会的很重要的一点就是，不要再去学什么乔布斯。

我不配。

你不可能成为天才，除非你本来就是。

人家乔布斯不是制造了手机，而是重新发明了手机。

创业初期，我们唯一该做的，就是做好一款核心产品。

用尽全力，把核心技术做到比同行高10倍。

高度聚焦、单点突破。

公司才有立足之地。

我唯一擅长的就是内容。融资、发行、广告、管理，我狗屁不通。所以，现在我除了做内容，什么都不会涉及。我再也不会花任何一分钟去干别的。

如果我真的是个傻×。

我至少要成为一个专注的傻×，而不是复合型傻×。

3. 别为自己所感动，你惨，你活该。

创业狗很容易被自己感动，觉得妈呀我在追逐梦想哎，我在吃苦哎，我在伟大着哎。我也经历了这个过程。为了节省时间，我每天都住在公司，睡沙发——这是运气好的时候，运气不好只能睡地板。从早上忙到半夜，没有一分钟在休息。

我觉得自己好努力啊。跟刚生孩子那段时间差不多，看自己的公司，怎么看怎么牛×。我的战略好牛啊，我的项目好棒啊。

完全是一种自high。

其实呢，创业狗一定要明白。

你努力，是应该的啊，有什么好炫耀的。

你追求梦想，是你的选择啊，关别人屁事儿？你要成功了以后，才配卖惨，才可以讲你的苦B奋斗史。

没成功的时候，你就该闭嘴。（为什么我没成功就卖惨呢？因为我是个口无遮拦的话痨啊。）

你苦、你惨，你活该。

更重要的是，很多时候，我们的努力是极其盲目的。我们看上去的勤奋，只不过是细节上的勤奋。我们每天疲于奔命，都来不及停下来思考，自己的方向是正确的吗？

我们最该做的，是想清楚自己的战略和方向。

方向错了，你的努力只不过是在坚持一个错误。

4. 千万别任性，你的错误会由整个团队来埋单！

创业初期，我以人文和情怀自居。我很帅气地向员工们承诺，我们公司不炒人，让员工和公司一起进步和成长。

到了去年8月，公司没钱了。合伙人不干了。我一个人，根本养活不了20多个人的团队。我只敢保留几个人的小团队，去探索一条新的路子。剩下的大部分员工，我必须咬着牙炒掉。

当时，我的所有员工都是特别优秀、特别努力的。

他们长期加班，有的员工最高纪录是不睡觉连续工作60多个小时。

他们特别为公司着想，去年初我们年会上玩儿撕名牌，一个员工摔倒了，撞到石头上，头破血流。我送她去医院，她一直说，老板，我没事儿，你别担心。我付了医药费，想额外给她1000块补贴，她死活不收。

他们为公司节省每一分钱。有一次拍戏需要针管当道具，有的员工看淘宝买不到，跑去医院要，人家不肯给，她们冒着被病毒感染的危险去捡医疗垃圾。

他们是最好的员工，我是最差劲的老板。公司发展到这种地步，都是我的决策失误所造成的。他们是无辜的，但我必须亲自去炒掉他们。

我把要炒的员工叫到面前，还没开口，就已经哭到失控。我更没有底气的是，我说过那么多次绝对不炒任何员工，现在简直就是大型的打脸。

哪怕他们生气、他们埋怨、他们翻脸，都是应该的。

然而，他们一直安慰我。

他们特别理解我的状况，让我千万不要担心，他们找工作很容易，让我不要内疚。

他们甚至提出可以一分钱工资都不拿，继续跟着我。

他们还为公司剩下的小团队，以后搬到北京要怎么规划，怎么避免犯错，出各种主意。

这些都让我陷入更深的内疚。

炒人的那三天，我从早上睁开眼睛，哭到晚上睡不着。

我吃饭在哭（作为吃货，饭还是要吃的），洗澡在哭，走路都在哭。

宣布炒人之后，我们公司还有些项目需要继续做，要到9月底才能结束。被炒的员工都愿意继续留下来，把该做的事做到最好。他们继续为公司考虑，继续加班，继续竭尽全力。

那段时间，我们照样开玩笑，照样互相吐槽，照样谈笑风生。公司要解散的那一天，我们商量，要不集体去欢乐谷玩儿吧。很多员工都是从外地来的，来深圳这么久，欢乐谷就在公司旁边，却因为长期加班，一直没时间去。

我们应该是全世界唯一倒闭当天还要去欢乐谷集体游玩的公司。

没有比这更二的事儿了。

老天爷都看不下去了。

当天就下了雨。

我们到了欢乐谷门口才发现，大部分游乐项目都停了。

我们只好放弃了。

炒人的那三天，成了我之前创业历程中最大的痛点。比起我赔光了所有钱，准备抵押房子还债，炒人更让我难过。这成了我最大的心理阴影，一想到公司做不好就要解散，我不敢偷一点点懒，更不敢随意做出任何决定。

以前的我，没心没肺，毫无责任感。经常答应别人的事忘了做，答应了别人的稿子，随便放鸽子。但是现在，我依然放鸽子。不过好歹我有了责任心，一想起我的任何失误都会是一个团队来埋单，我特么都不敢任性了。

我现在这么拼的动力之一，就是希望公司快点儿赚钱，能够把以前的好员工重新招回来。

创业是什么感觉？

创业就是每天睁开眼睛，就会想到老子不能赖床，因为有一个团队等着我养活的感觉。

创业就是上了贼船，我想下都下不来的感觉。

创业就是老子跟自己有多大仇，怎么落到这步田地，真是见了鬼了的感觉。

创业就是好惊险、好刺激、不要停的感觉。

更重要的是，如果没有之前一年的创业经历……

我怎么可以随口就说出这句话：

我也是开垮过一家公司的人了。

听上去还有点儿酷酷的呢。

真正情商高，

不是虚伪，

而是暖。

所谓情商高，就是懂得好好说话

所谓情商高，就是懂得好好说话

看《奇葩说》，觉得蔡康永简直太神奇了。不管辩论题目有多没节操，他都可以讲得很高尚。不管对方多么屎尿屁黄赌毒，他都能巧妙地拗回来，回归文艺和优雅。他的用词永远柔软，姿态永远轻盈，永远显得对方像个傻×。

要是我也像他情商这么高、这么会说话就好了。跟朋友讲起这件事，他们都说，你自己就很会说话啊，你是难得的既真性情又情商高。不是吧。我成天脏话连篇、口无遮拦，我也配？

但是，他们居然列出了很多条我会说话的证据哎。

不服不行。

原来我这么牛。

所谓情商高，确实就是懂得好好说话。要怎么说话呢?

1. 把你说的"不对"统统改成"对"。

我有个朋友最喜欢说"不",不管别人说什么,他先说"不""不对""不是的",但他接下来的话并不是推翻别人,只是补充而已。他习惯了说"不",大家都讨厌他。谁喜欢被否定啊?我采访过一位学识特别渊博的教授,我发现他有个美好的小习惯,不管对方说了多么傻×的话,他都会很诚恳地说"对",认真地指出你这个话中可以成立的点,然后延展开去,讲他的看法。他这么牛×的人,肯定了傻×的你,你一定受宠若惊。而他把你的意见上升到那么牛×的高度,你发现自己和他都好厉害哦。从此我学会了这一点,先肯定对方,再讲自己的意见,沟通氛围会好很多哦。

2. 说"谢谢"的时候可以加上"你",或者加上对方的名字。

"谢谢"和"谢谢你"的差别在哪儿?"谢谢"是泛指,而"谢谢你"是特指,更走心。对于陌生人,你说"谢谢你"。对于认识的人,加上对方的名字,会友善很多,很多,很多。

3. 请别人帮忙的时候,句子末尾加上"好吗"。

千万不要用命令的语气说话,加上"好吗"两个字,就变成商量的语气,对方会觉得更被尊重。一个朋友是上市公司总裁,他每次让我做什么事儿,都会加上"可以吗""你方便吗""好吗"——尤其是对待世俗意义上比自己地位低的人,用商量的语气,显得你更有教养哦。

4. 聊天的时候，少用"我"，多说"你"。

蔡康永就说过，聊天的时候，每个人都是朕。每个人都只想聊自己。你讲了自己的经历，或者对某件事的看法，然后加上"你呢""你觉得呢"，把话题丢给对方，让对方也有表达的空间和权利，你会变得可爱很多。

5. 多用"我们""咱们"，可以迅速拉近关系。

比如跟刚认识的人约见面，比起问"明天在哪儿见面啊"，换成"明天咱们在哪儿见面啊"，只是一个细节的改动，就显得更亲切了，对吧。

6. 赞美别人的时候，不要太空泛，要具体地赞美细节。

"你好美啊""你好聪明""你好牛×"这些是普通级的赞美，更高级的赞美是，找到对方怎么美、怎么聪明、怎么牛×。比如认识一个姑娘身材特别好，而她已经听腻了别人夸她身材好了，有个人夸她"中国女孩的腰臀比例都不太好，只有你是例外"，她印象最深刻，然后就嫁给对方了。而经常有人夸我，咪蒙你写的书好棒哦，你文笔太好了，老实说我会当成一种客套。但是如果对方说我哪篇文章写得特别好，哪段话他特别喜欢，我就会特别感动，原来他是真的喜欢我的文字啊。

7. 赞美别人鲜为人知的优点，赞美他期待被夸奖的部分。

美貌的人都希望你夸他有内涵，企业家都希望你夸他有人文情怀，才女都希望你夸她美，缺哪儿补哪儿。我又忍不住刻薄了，说好的高情商呢？如果他真的就是肤浅，真的就是奸商，真的就是丑B，也不能昧着良心硬夸啊，那不是情商高，那是虚伪。

8. 用调侃的方式去赞美别人。

老实说，有时候我觉得直白的赞美挺肉麻的，所以用逗B模式去夸，会好点儿。比如你想夸一个人身材特别好，你可以说："你腿短点儿、腰粗点儿会死啊，讨厌，离我远点儿。"比如你想夸一个美女特别有才华，可以说："按照国际惯例，长得美的都是傻×。你这么好看还这么聪明，这是犯规，不，这是犯罪！"

9. 当面说对方的坏话，背后说他的好话。

情商高不等于不吐槽。朋友之间都不能互相吐槽，那还有什么意思？但是，请你当面吐槽对方，背后说他的好话！我一个前同事，大美女，之前我都觉得她很高冷，有一次我无意中听见有人说我的坏话，她为我辩驳，我好感动啊，瞬间对她好感倍增。

10. 你可以嘲笑你的朋友，但不可以嘲笑他喜欢的东西，尤其不要嘲笑他的偶像。

如果你有追星的朋友，一定要记住这一条。你可以说她追星脑残，但绝对不可以说她追的星脑残。我身边两个女生，是认识了十几年的好闺密，说对方就像家人一样重要。其中一个是吴彦祖的脑残粉，另一个不小心说了句"吴彦祖真的老了，满脸褶子"，友谊当场终结。同理，当你想和一个追星的人做朋友，夸她的偶像，不仅要夸她的偶像帅，还要夸人品好、对粉丝好、演技好、有才华，这是最快的建立友谊的方式。

11. 初次见面，一定要努力记住别人的名字。

很多年前，我刚进报社，是彻彻底底的屌丝记者，有一次采访梁文道，他问了我的名字。时隔一年多，第二次见面，他一来就叫了我的名字，太感人了。很多人都说，我就是记不住别人的名字啊。其实你不是记不住，你是觉得这件事没那么重要。如果你真的意识到它足够重要，你一定能记住的。

12. 撕B再激烈，你再愤怒，也不能说真正伤害对方自尊的话。

是的，吵架的时候容易说气话，但情商高的一大表现就是不要说气话。越是熟悉的人，越是知道对方的死穴，所以说出来的气话不仅具有破坏性，还具有毁灭性。不要仗着你熟悉对方，就肆无忌惮地伤害他。

13. 真性情是让你说真话，不是让你说难听的话。

你可以吐槽朋友胖，但你不能说她"肥得像头猪"。调侃和侮辱是两回事儿，幽默和嘴欠是两回事儿，直率和轻重不分是两回事儿。

14. 看破，但不点破，给别人留一点儿余地。

发现对方说错话或者说谎，不要当面拆穿。别人背了山寨包来炫耀，没有必要当面戳破。其实，买假包已经很心酸了，买了假包还要当真包炫耀，更心酸了。一个人不够强大的时候，才试图用名牌来证明自己，等她变得强大一些，有自信了，就会懂了。

15. 社交场合中，要考虑少数派的感受。

如果一场聚会，你们有十人，哪怕九个人都是老乡，你们最好也不要讲方言，尤其是你们的方言别人听不懂的时候，另外一个人会非常尴尬。如果你们有十个人，哪怕九个都是同事或同学，另一个不是，你们也不要只讲你们公司或者你们班上的事儿，另一个人会非常孤单。照顾一下少数派，讲一些他也能参与的话题，让他不要被隔离开。

16. 如果你一定要炫耀，请加上你的糗事儿中和一下。

《英国人的言行潜规则》里专门讲了这一条，如果你想炫耀自己的成功，一定要附送你的糗事儿，以化解你的成功给别人带来的尴尬，同时预防嫉妒。如果你一定要讲"我买了个三万块的包包"，请加上"刚背出门，朋友问我这山寨包做得挺像啊，A货啊，得一两千块吧"；如果你一定要讲"我家买了个大别墅"，请加上"我这个土鳖给楼梯上了蜡，刚搬进去就摔了个狗吃屎"……

17. 把"你明白我的意思吗"换成"我说清楚了吗"。

"你明白我的意思？""你听懂我说的话了吗？"看上去很正常的话，其实是不妥的，因为它会有一种暗示：傻×你听懂了吗？你能get（捕捉）到我的重点吗？如果换成"我说清楚了吗"，这样就不是指责，而是自责了。意思是，如果我没有讲清楚，我可以再重复一次，是不是礼貌多了？

18. 把心里的小猥琐说出来，会更讨喜。

我不认为情商高的人都是圣母圣父，一定大公无私。但如果有私心，不妨直说出来。如果有两个苹果，一个小的，一个大的。你想吃大的，有两种方法，直接把小的给别人，大的留给自己，对方会觉得你真自私；如果你直说"我想把大的给你，可是我舍不得，可以不给吗"，同样是自私，但你自私得很可爱啊。

19. 用有趣的方式自嘲，成为自己的高端黑。

大学的时候有个室友说，很多时候她都很讨厌我，但是我有一点她觉得特别可爱，就是我喜欢自嘲。每次我自嘲，她又会重新喜欢我了。自黑需要内心强大、厚脸皮和幽默感。我每次都把自己的糗事儿讲成段子，把自己活成一个笑话。杨幂以前被黑得多厉害，当她开始自黑的时候，有多少人对她黑转粉啊。

20. 安慰别人的方法之一，就是说点儿你悲惨的事儿，让他治愈一下。

当别人难过的时候，唯一的治愈方式就是，知道自己不是最惨的。比如，一个粉丝告诉我，她男友劈腿了，关键是她知道这件事的时候，他已经劈腿两年了，周围所有人都知道，只有她不知道，她想过要自杀……我回复，我前男友劈腿了五年，我是怎么知道的呢？他当时的劈腿对象跟他同居了一年多，跑来找我，说实在看不下去了，没见过我这么傻×的女人。我蒙掉了，去质问前男友。他一不做二不休，直接告诉我，刚跟我谈恋爱不久，他就开始劈腿了，我们异地恋了五年，他劈腿了五年，他所有的朋友都知道，我还傻×似的一直以为他对我好。粉丝听了，心情好多了。

21. 不要没完没了地讲你的痛苦，痛苦是不相通的。

情商高的人，会试图最大限度地理解和体察别人的痛苦，他会有同理心，同时，他不会要求别人同样如此。所以，他不会遇到问题就叨叨个没完，不会把负能量传染给别人。

22. 不要说"我早就告诉你了""我就知道会这样"。

很多事我们提醒过对方，对方还是会做，受挫了，吃亏了，上当了，我们忍不住就会说，"我早就说过"……

有年春节我非要全家去澳门玩儿，罗同学说人很多，我不听，果然人很多，我们过关排队，排了五个多小时；我非要自己拿通行证，他说我容易丢三落四，交给他比较好，我偏不，结果我把通行证丢了，害得我们找不到地方住，在麦当劳坐了一晚……那一次，我做的每个决定都是错的，都导致了最坏的结果，但是他没有说过一句"我早就说过"，而是陪我解决问题。我对他的这一点非常非常感激。从此，我再也不说这句话了。

23. 聊天的时候，如果对方被打断了，问一句：刚才你要说什么？

有时候甚至是我们自己不小心打断对方了，道歉的同时，记得提醒对方，刚才你提到的是……让对方感受到他说的话被尊重。

24. 不要每一场谈话你都想赢，你赢了道理，可能会输了感情。

尤其对你的家人，对你的好朋友，你就不要那么好胜了好吗？我经常看到有些人为了卤蛋好吃还是茶叶蛋好吃，争论争到翻脸，有必要吗？除了大是大非，把胜利让给对方吧。

25. 如果聊到吃的话题，一定要记住对方爱吃什么。

作为一个吃货，我对跟吃有关的事儿天然敏感，同时我会非常留意谁爱吃什么，这样下次一起吃饭的时候，你就可以点对方爱吃的菜。很多美好的人际关系，都是来自这种小细节啊。

26. 分享荣耀的时候，要提到别人。

记得有人夸胡歌，就说他诚恳地对剧组人员说，拍戏的时候是大家一起吃苦，可是被夸的往往只有演员，他觉得很愧疚。这就是情商高的表现啊。生活中，你被人夸了，你获得利益了，你要分享经验了，这些时候不要忘了提到对这件事有帮助的人。

27. 承担责任的时候，要提到自己。

我最最讨厌推卸责任的人，以至于我养成了一个习惯，凡事首先找自己的问题，先检讨自己。所以出了任何问题，我首先想到的是承认自己的错误。

28. 不要大发飙，胡适说，发怒是一种破相。

胡适是高情商代表，几乎没人看过他生气。学会管理自己的情绪，生气的时候深呼吸10秒钟，给自己一个缓冲，想想，这事儿严重到只能靠发飙才能解决吗？有没有更好的处理方式？

29. 拒绝别人，可以先自责。

比如很多人找我约稿，我就会说"我人品特别差，是个超级拖延狂，经常放鸽子，我对你最负责任的方法，就是不接这个稿子，真的，请谅解"。别人只好说"好吧，那以后有机会再合作"。

30. 寻求合作的时候，不要总说你想要什么，要说你能给对方什么。

经常有人来找我说"咪蒙，我想跟你合作一个项目"，然后他就会开始说他需要什么，他想达到什么效果，如果我参与了，他的目标或者心愿就达成了。他忘了一点，他既不是我爹也不是我妈，我为什么要来完成他的梦想？求职的时候也是，很多人总是说，我多么需要这份工作，你更该说的是，你能给这个公司、这个职位带来什么，给对方一个选择你的理由。

31. 即使是对最熟悉、最亲切的人，也请依然保持尊重和耐心。

很多人对陌生人很礼貌，对家人、伴侣或好友却极不耐烦，经常翻脸，就是仗着对方不会生气。为什么不把你的温柔和体贴、你的快乐和美好留给最爱你的人呢？

很多人说，不喜欢情商高的人，觉得他们虚伪。可是我觉得，**真正的情商高，不是虚伪，而是温暖**。

上面的31条技巧，究其本质，是让我们尊重别人的看法，寻找别人的优点，体察别人的需要，把别人放在心上。仔细想想你身边情商最高的人吧，他们反而很宽厚，很真诚。他们真心热爱这个世界，真心欣赏其他人，真心去发现万事万物的美好。他们懂得悲悯，懂得体谅，懂得换位思考。
如果说，道德的本质，是心中有他人。
情商高的本质也一样，是心中有他人啊。
有人说，情商高的人有什么了不起？没实力，只会投机取巧。我不这么认为。

情商也是硬实力的一部分。有句话是：智商决定你的下限，情商决定你的上限。你说话让人舒服的程度，能决定你所能到达的高度。即使不为了野心，不为了成功，情商高，也能让你自己觉得快乐和幸福，让你身边的人也觉得快乐和幸福，何乐而不为呢？

致贱人：我凭什么要帮你？！

是的，我写过《所谓情商高，就是懂得好好说话》。

但最近我的情商真的不够用了。

有人不知道从哪儿弄来了我的电话，上来就说："咪蒙，我很喜欢你。我在创业。所以，你免费帮我写篇软文，宣传我的APP吧。"还没等我回答，她就开启了传销模式，一直讲她创业有多艰辛，并且每句话之间无缝拼接，好难打断。然后她就讲了一个多小时，我真的好想死。我只好一边听她说话，一边下载了她的APP研究了一下，实在是太烂了，烂到爆。

我只好打断她，说，不好意思，我帮不上忙。

她就怒了，她真的怒了。她直接训斥我："我都说了一个多小时，口水都说干了，你都没听进去吗？！你也是创业的，你有没有同情心？我还以为你是个好人呢，没想到你这么冷漠！我对你太失望了！"

我去。

你创业你牛×啊？

你弱你有理啊？

你耽误了我一个多小时，你还有脸说？

你创业也得靠产品说话，卖惨是很low的你知道吗？

还有什么比采用道德绑架的方式去强制别人帮你更恶心的吗？

这时候，千言万语都比不上一句滚吧。

本来我一直以为，以前微博上的一个人，已经是全世界最奇葩的了。

她给我发私信说："咪蒙，我不想花钱买你的书。所以，你直接传整本书稿的word文档给我吧。要知道，一般作家的书连word文档我都懒得看的。你该感谢我喜欢你。"

我感谢你啊。

我感谢你大爷。

最近又遇到很多让人无语的例子。

有人找我约稿。

她说：我觉得你文章写得不错。给我们杂志投稿吧！

我说：不好意思，我没空写别的稿子。我平常写微信公众号、写剧本已经很忙了。抱歉啊。

她就说：哦，我懂了。我看过你那篇《所谓情商高，就是懂得好好说话》，你用的就是第29条嘛，"拒绝别人，可以先自责"……

我只好说：这都被你看出来了，哈哈哈。不过不好意思，我是真的忙不过来。

她立马就翻脸了：你不是说情商高就是心中有他人吗？你就不能考虑一下我的感受？时间挤一挤不就有了？

我去。

我觉得我应该在"情商高"那篇文章里面加一条：**别不好意思拒绝别人，反正那些好意思为难你的人，也不是什么好人。**

最近还有些人找我帮忙，态度特嚣张，上来就表示自己特别忙，日理万机，让我在指定时间内给他打电话。

见鬼，现在求人的都是大爷了吗？

还有人要求我把所有文章独家授权给她的微信公众号。

我问为什么啊？

人家理直气壮地答：因为我喜欢你的文字啊。这个理由还不够吗？

够你个头啊。

因为你喜欢我，所以我就该无条件惯着你？我欠了你的？我是你爹还是你妈啊？如果你喜欢谁，你就要占谁的便宜，那拜托你去喜欢张嘉佳，他一直吐槽我胖，你去害他好吗？

必须提醒一下，我是咪蒙，不是救世主。谢谢。

我跟一个有钱朋友说起这事儿，她也来气。

总有些不熟的人找上门来，问她借钱。

她不借，对方就翻脸了，各种不爽：就这么几万块你都不借，你好意思吗？你们家买几套别墅，买几辆车，又是路虎又是宝马的。几万块也就是你们几顿饭的事儿，你们至于吗？唉，人哪，就是越有钱越抠门儿。

我去，这什么神逻辑？

人家有钱，是抢了你的还是欠了你的？

所以啊，有时候，穷就是一种人品。

你穷你还有理了？

要不要给你发奖杯？

总有些人会利用你的专业来找你做各种事儿。

你不是学英语的吗？帮我翻译一篇论文呗。

你不是学中文的吗？帮我写个讲话稿、写个年终总结呗。

你不是学设计的吗？帮我设计个LOGO呗。

你不是学日文的吗？帮我看看这A片说的啥呗。

活像我们苦学这么多年，就是为了给他行个方便一样。你不帮他吧，他还会特委屈，你不是学这个专业的吗？又不难。

这种时候真的很想用四川话回一句：龟儿子，你懂个锤子。你知道翻译一篇论文、设计个LOGO、写个讲话稿，也是需要时间和智慧的吗？这背后需要多少年的学习和积累，你尊重一下别人的劳动会死吗？你可以不懂得专业，但至少请你要尊重专业啊。

我一个朋友在欧洲留学，总有些莫名其妙的人找她帮忙买各种名牌包、名牌化妆品。有些极品还直接开一张单子，包括各种色号的口红、某种鞋码的鞋子……你知道买这些东西有多麻烦吗？还要跑各个商场，去挑去选，缺码了断货了还得再去好几次。关键是回家过海关还容易超重。

完了买回来，搞不好对方还各种嫌弃。嫌比国内便宜不了多少啊，嫌色号不对、码数不合适啊。

这个时候应该扇他们几个嘴巴子。

你找人帮忙就该心怀感恩。

麻烦了别人还各种挑剔，你说你是不是贱？

有一次同事去看电影，看到自己的座位被人占了。

对方指指周围，说，我们这一家人，必须挨在一起。你就让一下。

朋友说，让不让给你，是我的自由，但你们总不能先占了我的位置吧？

对方还特有理：我们带老年人出来看电影，不容易，你让一下怎么了？年轻人怎么不懂事儿？

同事和闺密去坐火车，中铺和上铺的人非要跟她俩换铺位。原因是他们四个男的要在下铺打牌。

她们不肯换，结果那四个大男人就在火车车厢里大吵大闹，气得她们打了110。

哪怕见到警察，四个大男人还特不爽，说，都怪这两个小姑娘，与人方便这点儿道理都不懂！真不善良。

如果善良就是纵容你们这帮傻×，我愿意一辈子都歹毒下去。

总有人说，让你写个稿子、让个位子、买个东西、借点儿钱，这点儿忙你都不能帮？不就是举手之劳吗？

知乎上有人说得特别好："举手之劳明明应该是我帮完你，你感谢我的时候，我自谦和你客气客气说，还好啦，不过是举手之劳嘛。你上来就说我是举手之劳，拜托你会不会唠嗑？"

看到没？

"举手之劳"是我的谦辞。

不是你用来道德绑架的说辞。

我可以，但不代表我应该。

明说了吧，我可以帮人，但我不想帮你。

因为你不值得。

我帮你，至少你得是我的朋友吧。我跟你面都没见过，你谁呀？如果我们没有感情，那好，我们来谈利益。你都不愿意付出，却想占尽便宜。那么，情感和利益，你占了哪一点？

我不帮你，你还骂我自私自利。你才是最自私自利的贱人。你不想踏踏实实去努力，就想通过说几句话麻烦别人，来不劳而获。你占不到

便宜，还动不动翻脸。

知乎上还有几句话，说得真好：

不要把别人的情分，当成你的福分。

不要把别人的客气，当成你的运气。

不要把别人的包容，当成你不要脸的资本。

对于这些不识趣、不看脸色、不为他人着想的傻×，我只想说：

请记住，我不想帮你，我拒绝你，都是你的错。

致low B：不是我太高调，而是你玻璃心

前两天我被一朋友拉黑了。

她约我吃饭，我说对不起啊，这几天我很忙，焦头烂额啊。她没回话。

隔了一阵儿，她回：你这样炫耀，有意思吗？就你忙，你大忙人，你日理万机。对，我就是在家闲着。不好意思啊，拉低了你朋友圈的质感。我还是别打扰你了。

我去。

我一个"忙"字，牵扯出她这么波澜壮阔的心路历程。我一"公号狗"，每天吭哧吭哧写文章，这很高级吗？难道不是说我在希腊游轮上度假，闲得发慌，这才是炫耀吗？

我想给她回复，跟她理性地探讨一下炫耀的真谛。

Oh no。

我已经被她拉黑了。原来对玻璃心的闲人来说，"忙"也算敏感词。

我一特憨厚老实的朋友，前段时间去参加同学会，晚上在一烧烤摊上撸串儿，他好心说自己开了车，吃完了可以顺路送一个同学回家。

结果就这一句话，对方当场就发飙了，张口就骂：×你丫的，就你有车，你有车你牛×？我们搞个同学会，你开车来显摆，你有意思吗？！

我那朋友特委屈，辩解了几句。

对方更不爽了，生气于凭什么当年一小屌丝，现在都买得起车了，还可以拿车来装B，于是直接一拳揍过去。我朋友一躲，撞路边一柱子上，还去了趟医院。就这么一句"我开车送你"，就引发了一场血案。

对于没车的玻璃心来说，你打个摩的都可能被当成炫富。不是我们太高调，而是对方太玻璃心。

我一有钱朋友，家里有钱，嫁的老公也有钱。她绝B是我认识的有钱人中最低调的一个。因为她有一特玻璃心的同事，很早之前她用过一次爱马仕包包，被该同事吐槽她炫富，她就再也不用任何带有明显LOGO的包包、鞋之类的了。

然而有一天她还是惹到该同事了。因为她穿了双UGG。该同事认为她穿正版UGG的行为很不妥当，没有考虑到她这种穿山寨UGG的人的心情。

妈蛋听得我冒火。

我用正版的还要考虑用盗版的心情？

阿迪达斯是不是该跟阿迪王道歉？

有钱朋友跟我说，每天活在那个玻璃心同事有敌意的眼光下，她都有心理阴影了，她想辞职。

我去。

这个包子。气死我了。

我觉得这个社会对富豪太不友善了。

我鼓励她，来，大胆地说出来，你有钱！把你家阿斯顿马丁、保时捷、特斯拉的车钥匙统统掏出来，甩到那傻×脸上！我好好过日子，凭什么每天要考虑你这种玻璃心的心情？

想起之前有个小粉丝留言，她高二。

她成绩很好，她的学渣同桌成天针对她。

她上课回答个问题，同桌都说她"爱现"。

她跟其他同学讨论问题，同桌说她是个"装积极"。

她想参加文艺表演，同桌说她"想红想疯了"。

她考试的卷子放桌上忘了叠起来，同桌就说她"故意摊开卷子，炫耀自己的成绩"。学渣不可怕，可怕的是心态这么阴暗、这么丑陋。

自己low，还希望把身边的人都拖下水，陪他一起跌到尘埃里。

以前认识的一个人，才是专注骂我高调几十年。

我发条微博，上面显示了手机型号，她留言说我故意炫iPhone。

我发最近看的书，她留言说我装B。

我发影评，说自己不喜欢某部大片，她留言说我高冷。

顿时觉得有些low B真是360度无死角的low。于是我把她拉黑了，这两年都没有交集了。

朋友说，看到她最近还在自己的微博上继续孜孜不倦地吐槽我，找出各种证明我高调爱炫耀的证据。因为这种嫉妒狂魔，我就得学习低调做人吗？

我呸。

low B浑身都是敏感点，我要考虑他们的感受，我还能正常生活吗？

那句话怎么说来的，**对于屎壳郎来说，你拉个屎都算是对着它炫富！**

如果你不曾羡慕，你怎么会觉得对方是在炫耀呢？

你吐槽别人高调爱炫耀的同时，暴露的不就是自己的短板、自己的缺憾、自己的匮乏吗？

必须说，有些人的炫耀是真的炫耀。比如每天在朋友圈各种晒，晒车、晒旅游、晒人脉。故意炫耀确实是不对的，但我们很多时候真不是故意的。

想起大学的时候，我和同学去吃个麦当劳都被骂炫富。"你吃得起高档快餐你了不起啊。"

想起以前我一学弟被问到在哪儿工作，他答在银行，都被骂高调。"你有个好工作你了不起啊。"

想起以前我一同事相亲的时候，聊起旅游话题，她说自己去过巴厘岛，都被骂装B。"你出过国你了不起啊。"

最后，我之前在微博写过一段话，与大家共勉：

当有人讨厌你，背后一直叨逼叨说你的坏话时，你可能要反思一下自己是不是也有问题，是不是没有照顾到别人的感受，是不是自己年轻气盛的时候也犯了一些错。

最关键的是，你至少做错了两点：

第一，你没有意识到对方就是个大傻×。

第二，你低估了这个大傻×恶心你的能力。

大多数人的所谓决心，装完B就忘了

明天开始减肥。

今天一定早睡。

再买我就剁手。

这大概就是人生三大幻觉吧。

在饭否网看到一句特别有共鸣的话，那就是"大多数人的所谓决心，装完B就忘了"。

微博上有人征集：自控力差是什么体验？妈蛋，条条中枪。

减了几十年肥，越减越肥。

除了睡觉时间不想睡觉，其他时间都想睡觉。

再买就剁手！最后发现我是千手观音。

所有的Plan（计划）都只完成了一个P……

悠闲地刷微博→忽然想到作业没写→紧张地刷微博。

还有一条最搞笑：

本来有写作业的冲动，还好我自制力强。

为毛我们下决心的时候明明信誓旦旦，明明诚意满满，然而转头就忘，并没有什么用呢？

人生简直就是一次次下决心又一次次打脸的过程。

每次看到那些自控力特别强的人，总让我内心感慨，他们真的跟我是同一个人种吗？

"贝嫂"维多利亚简直就是有钢铁意志的女超人，长期瘦身成瘾的她，38岁生日那天，宣布自己今天终于可以放纵了，可以多吃点儿了，于是这一天，她允许自己吃一次豪华生日午餐——

一个小果盘。

Excuse me？（什么？）

这是在逗我？

生日就吃这么点儿？

过生日都不能吃生日蛋糕，人生还有什么活头？

像我们这种自控力差的人，往往就会这么想。

对维多利亚来说，这已经是对自己网开一面了好吗？她经常很多天下来，只吃草莓，只喝矿泉水。

这就是她的全部食谱了。

简直丧心病狂。

简直好想模仿。

每次看作家自述或访谈，也有这种感受，既惊叹，又羡慕，恨不得从他们身上扒点儿自控力下来，装在自己身上。

村上春树在《当我谈跑步时，我谈些什么》中，就说他每天早上4点就起床，注意，是每天哦，晚上10点之前睡觉，日复一日。是不是很苦行僧，是不是很没人情味儿？

因为睡得太早，他的交际肯定受影响，别人找他玩儿，找他去吃消夜，他一概拒绝，能抵抗那么多好吃的好玩儿的，简直超越了一般的人性。

哦，还有，为了有更好的身体和精神写作，他长期坚持跑步。记得他写过一句话，正因为今天不想跑，所以才要去跑，这就是长跑者的思维方式。

太酷了。

跟意志强大的人相比，我时常觉得自己就是低等动物啊。

到底怎么才能不让自己下的决心变成一个冷笑话呢？

首先你得确定，你是真的下了决心吗？

也许你的决心，只是随口说说，你根本就不走心。

我在微博上发过一段话："你想减肥，你想辞职去旅行，你想跟某个男神谈恋爱。你说，我真的很想很想啊，只是做不到。**其实，你没做到，就是因为还不够想。**"

如果这件事真的触及你的灵魂，激发了你内心的洪荒之力，你就真的能做到。不管这个愿望看起来多么扯淡，你都能做到。

我郑重地问过一个半年减了50斤的朋友是怎么做到的。她说，她特别崇拜一个业界大神，大神当时在招助理，她特别特别激动，投了简历，面试之后，她被拒了。她很伤心，微博发私信问大神，说是因为她长得胖吗？如果是因为长得胖，这算不算肥胖歧视呢？

大神的回复是：我不是因为你的身材轻视你，我是因为你没有自控力而轻视你。记住，你的身材就是你的修养。一个连自己的身材都管理不好的人，不值得信任。

这件事让她爆发了小宇宙，从此戒掉高油高盐食物，开始吃得清淡，每天运动，半年之后，成了女神。

每一个减肥成功或者戒烟成功的人，一定是因为被深深刺激过，或者被某个观念深深击中。

灵魂被重击过的地方，才能长出自控力来。

当然很多时候，我们的灵魂被重击过了，自控力也长出来了，然而坚持了几天，就半途而废了，这是为什么呢？

有本书叫《自控力》，它专门讲了自控力的养成机制，有几点是特别有益的。

第一，自控力就像肌肉一样，是有弹性的，可以锻炼的。当你开始锻炼自己的自控力的时候，你就会发现，你对于自控越来越得心应手了。所以不要说什么"我这个人天生就没啥自控力"，是的，你可能先天自控力不足，但是后天可以通过锻炼提高。

第二，你根本没有启动自我意识来控制自己。早上醒来后，是马上起床洗脸刷牙，还是先玩儿会儿手机？这是个决策，很多人根本没有意识到自己在做决策，就直接打开了手机——因为玩儿手机成了你每天起床后的固定动作，成了你的条件反射。怎么控制呢？你要给你的大脑里装一个警报器，只要手伸向手机，你的警报器就会启动，你就知道自己又犯规了。

第三，我们以为那些每天勤奋上进、保持高效运转的人靠的是强大意志力吗？其实不是，他们靠的是习惯。

对他们而言，每天早上6点起床，持续工作15个小时以上；或者数十年如一日吃水煮青菜；或者每天坚持跑步健身两小时……他们能做到这些，并不是每天身体内的勤奋小人儿和懒惰小人儿都要打一架，然后勤奋小人儿把懒惰小人儿打死了，而是他们已经把这种生活方式变成了一种习惯。

这一点我太有感触了。

之前很多年，我都过着挺懒散的生活，晚上想玩儿到几点就玩儿到几点，经常看网文、打游戏都能通宵，然后每天睡到自然醒。

然而自从开始创业，我简直基因突变啊，每天早上8点半起床，持续工作到半夜1点，我没用什么意志力，因为这就是我的生活方式，自然而然。难得休假一天，我也照样8点半就醒了，不让我工作我反而不习惯了。

当你把一种行为变成你的习惯，你就不需要动用自控力了，这一点就是《自控力》这本书的精华。

是的，你一定会说，养成习惯很难啊。

其实不会，只需要21天。

在行为心理学中，一个人的动作或想法，只要重复21天，就会变成一个习惯性的动作或想法。

你只要能咬牙坚持21天。

这21天，你不要图什么速成，太在乎效果反而会动摇你的意志。

如果你的目标是减肥，并不是你坚持21天，马上就能成为一个瘦子。

如果你的目标是学英语，并不是你坚持21天，就能听懂BBC。

是的，进化论决定了我们人类天生短视，喜欢即时的反馈和满足感。

因为在几百万年前，我们的祖先还茹毛饮血的时候，资源稀缺，吃了上顿没下顿，大脑就会一直提醒你，快去再吃点儿啥，热量越高越好，不然你就会死翘翘。

大脑的进化太慢，现在已经不是食物短缺的年代了，然而它还是时不时提醒我们，快去做点儿啥能马上产生效果的事吧，这就是为什么我们明明每顿饭吃得挺饱的，看到零食又开始动摇；明明才看了两分钟书，又想去玩儿会儿手机——因为我们从吃东西和玩儿手机中能更快得到满足感。

可是，人之所以为人，就是为了对抗我们的本能。

毛姆就说，为了使灵魂宁静，一个人每天应该做两件不喜欢的事儿。

试着去对抗你的本能，看一本枯燥但有价值的书，花一小时去健身，吃有营养但不怎么美味的食物，让更健康的生活方式成为你的习惯。

很多人会说：

我想去旅行，看看更大的世界；

我想读很多很多书，成为一个渊博的人；

我想学很多语言，了解不同国家的文化；

我想苦练某项技能，成为某个专业领域的大神……

然后那些真正成功的人和你的差别就是，他们想了，然后就去做了。

而你，只是躺在床上，意淫这一切。

你一点儿利用价值都没有，谈什么人脉？

在这个社会，完全不经营人脉的人，会不会死得很惨？

罗同学的两个校友，是这个问题的最佳答案。

一个是"交际花"，一个是"书呆子"。

"交际花"是整个学校的万事通，热衷于参加学校的各级学生会和各种社团，全校的八卦他都知道，哪个系的美女和帅哥他都认识，去小卖部买个东西，一路上遇到的不是他的姐们儿就是他的哥们儿。

"书呆子"是每个班上都会有的那种戴着黑框眼镜、穿着浑浊的格子衬衫、很少说话、极其枯燥的那种人。他基本上只来往于教室和实验室，在班上存在感为零。大学快毕业的时候，大家都还叫不出他的全名。

毕业之后，"交际花"去一家特别牛×的媒体当记者，简直老少通吃、风光无限啊。他跑了好几条线，医疗、教育、餐饮……他什么都跑过，因为特别会来事儿，跟谁都熟络。他厉害到什么程度？从各大医院的院长，到修摩托的小弟，感觉全城有一半儿的人他都认识。在医疗资源紧张，挂号都挂不到的情况下，他还可以选最牛的专家和最好的病房。在入学极难的情况下，他家小孩儿上小学还能在全市两大名校中选伙食更好的那个。在排队等位动辄要等两三个小时的热门餐馆，他一个电话，老板就腾出一个包房来了。跟他在一起，不管去哪儿都是享受VVIP待遇的。

"书呆子"大学毕业之后，继续留校读研究生、读博士、读博士后，继续没有存在感。他可能对代码比对人类还熟。毕业好几年，大家搞同学会，每次都忘了叫他。网上建的同学群，也忘了把他拉进来。我本来还想再说点儿关于他的事儿，想了想，好像没了。

前年开始，"交际花"所在的媒体有点儿走下坡路了，他想趁着这么多年积攒的这么多人脉，把资源整合整合，干点儿什么不能成功啊？于是，他辞职出来创业了。一开始他的人脉还是有点儿用的，给他带来了一些内部信息。过了一段时间，他就发现有点儿不对了，之前的人脉不太好使了，比如说他想请投资商吃饭，给餐馆老板打电话，对方说不好意思，没有包房了。因为创业压力太大了，他长期失眠睡不着，头痛得太厉害，他想去医院看个神经科，给院长打电话，院长已经不接电话了。差别最大的还是中秋节，以前还在媒体的时候，中秋节能收到几十盒月饼，都是各个机构送的，而创业这一年的中秋节，他只收到两盒，都是消息滞后的机构送的，他们还不知道他已经离职了。在他看到那两盒月饼的那一刻，他明白了一件事儿，他之前所有的人脉不是因为他本人，而是因为他背后所在的强势媒体。

"书呆子"读博士后的时候，因为做一个项目，被合作方的主管看中了，邀他一起出来创业，并对他承诺，他什么都不用管，只用专注于技术就行。"书呆子"想着这样也好，更省事儿了，继续埋头在实验室。不知道他怎么瞎折腾，折腾出一个超牛×的专利技术来。他们公司就靠这一项专利技术，成了风投界眼里的抢手货。去年，他们公司A轮估值就已经5个亿了，据说他占了60%以上的股份。

这个时候，所有人都知道了他发达了的消息。多年失联的小伙伴们纷纷上线了。他的微信每天都有几十个人要加他，都是自称"很多年前就看好他，一直默默关注着他，认为他一定会成就一番大事业"的人。

当他站到了这个位置的时候，他会被邀请出席各种活动，主动来跟他攀谈的，都是平常在电视里经济新闻和娱乐新闻才会出现的名人。

去年底，"书呆子"的妈妈需要做心脏手术，本来想送到美国，但是他妈怕坐飞机，得在国内医院做，但是国内心脏科最好的医院已经排不到号了，他也有点儿急了。不知道这个风声是怎么走漏的，几天之内，他接到各种电话，都是抢着要给他帮忙的。有个大咖直接帮他约了国内最权威的医生，速度好快。

"书呆子"被他曾经的大学同学们称为传奇。尤其是他们发现，"书呆子"的微博总共只发了十几条，但关注他的全是好几个领域的大咖。"交际花"对"书呆子"的人脉格外不忿，尤其让他不爽的是，他每次好不容易接到一个语气特别急切特别谄媚的电话，一般都是说："听说你是×××（'书呆子'的本名）的同学，能给我他的电话吗？"

他们两个的故事，说明了两个问题。

第一，什么叫人脉？ 就这个问题，我专门采访了北大一位教授，他说，**人脉就是一种"价值交换"，建立在双方都有利用价值的基础上的。**

人脉和朋友不一样，朋友之间更多的是情感交流，不是建立在利益的基础上的。

"交际花"以前的利用价值是建立在他背后的平台之上的，他所谓的人脉，想利用的是这个平台，而不是他。等到他一旦离开这个平台，他的利用价值瞬间就被消解了，他成了nothing（无关紧要的人）。

说白了，人脉也是要门当户对的。

第二，要先有实力才有人脉。 有人说得特别好，说人脉是成功以后的结果，而不是你通往成功的途径。

当你强大到一定程度的时候，你就可以吸引到同等强大的人脉资源。 就像"书呆子"，他从来没有花过一分钟去刻意结交某个人，维系某段关系，然而当他牛×了，不同领域的人脉都自然会向他靠拢。反观"交际花"，因为他把所有的时间都花在了社交上，他在专业领域没有任何长进，他先后创业两次都没有成功，因为都出现了大方向上的判断失误。哪怕他花了一部分时间在修炼他的业务技能上，他都可以保住一部分人脉。

很多大学生的困惑是到底应该把时间花在提升自己还是积累人脉上，**我想说的是，还是先提升自己的实力，把自己变得更强大。与其你去寻找和笼络人脉，不如你变成别人都想结交的人脉。**

当你一无是处的时候，你以为你跟某个名人拍了个照片，跟某个行业大牛握了次手，给某个老总点了个赞，他们就是你的人脉了吗？在他们眼里，你就是个小透明。不是他们势利，而是他们跟普通人一样，只能看到跟自己同等高度的人，以及仰望站得更高的人。

普通人想和马云做好朋友很难，想和赵薇做好朋友也很难，但是马云和赵薇却可以成为好朋友，因为他们是对等的。

有句话很伤感，但不得不承认它是对的：

"那些特别急切想结识别人的人，往往就是别人最不想认识的人。"

还有一些人，加到牛人的微信就沾沾自喜，然后冲上去给牛人点赞、评论，感觉就能把对方变成自己的人脉。

其实，你是不可能通过点赞而进入一个圈子的。

我最讨厌的话，就是"认真你就输了"

你知道我最不喜欢哪句话吗？

"认真你就输了。"

表妹曾经在微信上这么跟我说。那时候，她在一家全球500强之一的公司的广州分部工作，公司极其高大上。他们公司的办公家具，不能问是哪个品牌的，要问是哪个朝代的。据说一个文件柜都是名贵红木的，要100多万。

这么土豪的公司，员工们一定很积极上进吧？

并不是。

每个人都在混日子。每个人的诉求就是喝喝茶、上上网、聊聊天，一天就这么愉快地混过去了。每天6点下班，从5：45开始大家就已经打开冰箱拿好各自的便当盒，收拾好包包，准备走人了。

表妹从小到大都是学霸，名牌大学硕士毕业，这是她毕业后第一份工作。她还是巨蟹座，超级有责任感的星座。她是总经理秘书，她认真对待手里的每一份工作，包括订机票、粘发票这种小事儿。每一次会议记录她都认真整理，每一次总经理交待的事她都提前完成好，然后她成功地赢得了大家的厌恶。

大家都觉得她太敬业了。这是病，得治。比较"善良"的老员工会提醒她，不就是一份工作，随便做做不就行了？打个工而已，你这么努力，多奇怪啊。言下之意就是，你光天化日之下竟敢这么努力，对得起同事吗？对得起父老乡亲吗？对得起九年义务教育吗？如此误入歧途，老员工实在看不下去了，顺手教给她很多偷工减料、忽悠老板的秘诀。最后加上了那句经典句式：认真你就输了。

"认真你就输了"，绝对是职场老油条们最爱的语录之一。

我的同事吉跳，以前是做珠宝鉴定的，她的工作职责就是为钻石鉴定色泽级别。D级是最好的。每一次她认真甄别的时候，都会遭到同事们的嘲笑，说一看她那认真劲儿，就暴露了自己是个职场新人，还真鉴定啊，不就是走个过场吗，全部填D级不就行了？你傻不傻？认真你就输了。

我认识的一个美术编辑，每次认真地设计版面，总有同事会跟他说，哎呀，设计一个版才几十块钱，你花两小时？不值啊。随便弄弄不就行了？别干这些得不偿失的事儿，认真你就输了。

有时候，这些规劝也许是出自善意的，是老油条对新人的"忠告"。

然而有时候，说"认真你就输了"的人，还怀着一种奇异的智商优越感，觉得自己深谙这个社会的生存之道，认为那些敬业的人都是纯傻×。

他们不仅不思进取，还以自己不思进取为荣。

我去。

你敷衍了事，你还有理了？

你投机取巧，你还牛×了？

你偷工减料，你还荣耀了？

你们觉不觉得，我们身边存在一种"勤奋歧视"？相比努力，我们更崇尚天才，崇尚举重若轻。那些在班上特别勤奋的人，会被称为"书呆子"，那些在单位里特别上进的人，会被认为"爱表现"。

咸贵人说过一段话，特别棒：不知道从什么时候起，认真变成了一件见不得人的事。认真工作需要遮遮掩掩说混日子，认真生活要嘻嘻哈哈装逼B，认真写字要马马虎虎说编段子，认真喜欢一个人也要大大咧咧说就想跟他玩玩儿而已。"认真你就输了"变成所有人堂而皇之的借口。

我发自内心地尊重那些在任何环境都认真敬业的人。

在报社的时候，我采访过一个人，他在人生前30年，都是方圆一公里之内的笑话。中学的时候，他在一个很差的学校，全校都是学渣的那种。他们的校长公开讲话都会说，不指望他们考什么好成绩，只希望男生不要混黑社会，女生不要怀孕，以及所有学生不要吸毒。

在这样的环境里，如果你认真上课，乖乖写作业，那真的就是大傻×。他就这样做了6年傻×，每天早上6点起床，开始背英语单词，上课坐第一排，不错过老师任何一句话，晚自习所有同学都在看小说、下五子棋甚至点着蜡烛烤香肠，他一个人在看书做题，画风太不搭了。

他是全校唯一一个有错题集的人。

他也是全校唯一去网上买了各地模拟考卷来一一做几遍的人。

他爸爸是会计，他从小看他爸爸记账，觉得特别神奇，他一直也想当会计。高考填志愿，他填了厦门大学会计系，全国很牛×的会计系。当时所有人都觉得他疯了，因为他们学校历史上的最高成绩就是一个比他高两届的女生考上二本了。他怎么可能考得上那么牛×的大学那么牛×的系？

然后他真的没考上。

他上了一个三流大学的会计系。

周围又是一帮混日子的人。认识他的人都觉得，他费了那么大的劲儿，才考这么一个破学校，这次应该学乖了，不会再那么认真刻苦，继续当傻×了吧？

但是他更刻苦了。

他们学校图书馆特别小，座位不够，他每天早上7点就准时去排队，学到晚上10点回宿舍，宿舍的人都在打扑克，他一个人拉上帘子，继续学。

他想考注册会计师。这真是一个更大的笑话。注册会计师被称为全国最难的考试，比司法考试还难。

他大学的时候拼了命，才考过了两门。找工作的时候，因为学校太烂，去了一家小公司当出纳。他白天上班，晚上回家继续准备考试。那个时候，他每个月收入只有不到3000块。在北京，他和几个朋友合租在一个不到20平方米的房子里，晚上都是打地铺睡觉。他姐去看他的时候，哭了。因为她姐打开橱柜，发现里面……还睡了一个人，吓了一大跳。这个人的房租是一个月300块，毕竟是橱柜嘛。

因为房子小，人多，太吵，他每天只有缩在角落，戴上耳机，假装与世隔绝地看书。那段时间他单曲循环周杰伦的《东风破》，以至于形成条件反射，现在每次听到《东风破》就很想掏出笔来做题。

在任何环境，他都是个异类。一个因为过于认真，而显得不合群的异类。

冬天，室友在家围坐着吃火锅的时候，他在做题；夏天，室友看电视吃西瓜的时候，他在做题。一年四季，室友们看电影的时候，他还在做题。大家都怀疑他有精神病。

毕业两年之后，他拿到了注册会计师证。再过一年，他进入了四大会计事务所之一。

我采访他的时候，他已经是高管级别了，年薪过百万了。

我问他为什么处于那么负能量的环境，还能保持上进的状态，不怕自己的认真变成一个笑话吗？

他说，不敢认真才是一个笑话吧。

是啊，有些人是神话，有些人是笑话，而有些人只配站在旁边说风凉话。他们才是真正的输家。一方面他们就是个尿货，害怕努力了会失败，另一方面他们害怕别人太努力，给自己造成威胁。其实他们不是输给了别人，而是输给了自己。

只有认真过的人，才配谈论输赢。那些说"认真你就输了"的人，你连输的资格都没有。

是的，我更喜欢努力的自己

想成为自己喜欢的那种人。

我都会努力，因为我只不过是

不管多少岁，不管在什么年纪，

我们都要拼命啊。

因为有爹可以拼，

为什么我们要这么拼？

昨天见到张嘉佳，他第一句话就是：听说你最近很拼啊。

我去。这什么话。

我不是一直都很拼吗？

好吧，上大学和研究生的时候，我还是个混世魔王哪。那时的同学对我印象最深刻的就是，我成天旷课，躺在宿舍床上睡觉，要不然就是在电脑前打游戏（有段时间我超迷《星际争霸》）。

研究生毕业那年，离婚又复婚、复婚了又要离婚的父母，真正要分开了。那个夏天，我爸赌足彩输了很多钱，生意也不顺。我妈从老房子搬出来，50多岁的她和70多岁的外婆，住在租来的小房子里。我每次跟她打电话问她情况，她都说很好，让我别担心。

有一次大姨给我打电话，说了妈妈的近况。我才知道我妈在跟我演戏。她简直是影后啊。我妈在我爸出轨的那十几年，眼泪早哭干了，以至于很少有什么事儿能激发她的眼泪。大姨说，这段时间，我妈经常哭。

是的，只有我们中国人才懂没有房子是一种多么惨烈的感觉。比没有房子更恐怖的是，你老了还没有房子。你老了还得和比你更老的老妈一起没有房子。

大姨说，我妈已经失眠好几个月了。她甚至不敢出门，怕遇到熟人会问东问西，更怕对方会同情她。我妈那么好强的人，她最不想要的，就是同情。

我挂了大姨的电话，跟我们报社的编辑说，有啥活儿叫我就行了，我要乖乖写稿了。

编辑惊呆了，说：这么上进，你娃吃错药了？

然后，我创造了每周写8～12个版的稿子，每周写两三万字的变态纪录。

有一次我连续49个小时写稿，两天两夜，坐在电脑前，喝了8杯咖啡，没有睡过一分钟，就为了写一个广告软文，可以拿到2000块。

我还兼职给几家杂志社写稿，每个月写几万字。那段时间杂志编辑都爱死我了，因为我太勤奋了。我成了一台写作机器，周围朋友都说我想钱想疯了。是的，我确实想钱想疯了。我得给我妈买房子。

还好，我妈住在十八线小城市，那时候房价才2000多块一平方米。我花了大半年，又找朋友借了些钱，给我妈付了首付。3年前，我第一次拿到剧本费，就给我妈换了套大房子。

上个月我妈过生日，我给她打了一万块，我妈说不用了。我说，我对你的感情就应该用钱来表达。我妈特浮夸，在电话那头笑得花枝乱颤。

让我妈觉得爽，让她遇到熟人有吹嘘的资本，让我妈想买什么就能买什么，这就是我这么拼的意义。

有人说，我这么努力，就是为了让自己成功的速度，超过父母老去的速度。

上周见了一个朋友，广告狗，状态嘛，跟我一样，熬夜太多，眼袋快比眼睛还大了。

她空降到一家公司做部门总监，下属根本不理她，所以她的工作推进特别艰难，基本上所有事儿都得自己做。她已经连续四个月没有休过一天假了。她说自己月经不调到怀疑自己快绝经了。她才28岁。

我劝她还是休息一下，注意一下身体吧。

她说，不行啊，我必须得拼啊。

她爸重男轻女，她妈在家又从来都没有地位。小时候她爸妈叫她"儿子"，不让她穿裙子，不让她留长发，不给她买洋娃娃。小学五年级，她妈给她生了个弟弟。于是，她不叫"儿子"了，她变成了"喂"。

2009年，她工作第一年，北京当时房价才1万多一平方米，一套小房子首付只要40万。她鼓起勇气找她爸借钱，她都写好了借条，注明了怎么还款。她爸说，不借，我没钱。没过多久，她爸就把她弟送去英国读初中，贵族学校，一年花几十万。

现在她自己能存到40万了，但是，北京的房价涨到这个死样子，她再也付不起首付了。她和男友谈了八年恋爱，男友求过几次婚，她都不敢答应。因为她爸说了，休想要一分钱嫁妆。因为他要给儿子攒钱买大房子，还要给他买辆好车。有时候她也挺佩服她爸的，连偏心都偏心得这么嚣张。没有房子，没有嫁妆，她不敢结婚。因为婆家已经不止一次暗示过，看不起她家底太薄。

她在未来的婆家面前没有尊严。然而没有任何人可以帮她，她只有靠自己。所以她除了拼，还有别的选择吗？

想象一下这类场景：

"这是10万块，离开我儿子。"

"这是100万，离开你儿子。"

谁不想这么酷炫？

很多时候，钱就是自由。

很多时候，钱就是尊严。

我一个朋友很勇敢，她是大学老师，月入8000块。她明知道婆家觉得她赚的钱太少，配不上她家月入2万多的宝贝儿子，她还是嫁了。她相信爱情是无价的。现在他们结婚3年了，有一个1岁半的儿子。

她想穿越回去，扇死当年的自己。

他们的婚姻从一开始就是不对等的。婆家觉得她高攀了，开始老公还不以为然，久而久之，他被父母洗脑，对她也越来越看不惯了。她给娘家拿100块，她老公都会甩脸子。有一次她给她妈买了件400多块的毛衣，她老公直接翻脸，跟她冷战了十几天。后来她还写了检讨，这事儿才算了结。

她老公成天教育她要勤俭持家，然后给她弄了个预算表（我擦一个家庭花费就那么点儿，需要毛的预算表啊，他以为自己是英国王室啊），上面注明了每一项日常花费，精确到每一天的水果费不得高于8块。然后某天她在水果摊买葡萄，一大串11块，她好开心，她老公好生气。说好的一天只花8块呢？为了多花的这3块钱，她老公骂了她两个多小时。

基本上她老公有本事每周都把她骂哭好几次。如果她有钱，她就可以把钱甩到对方脸上，骂他祖宗十八代。然而她没有。

现在两人住在一套房子里，除了带小孩儿，平时都当对方是透明的。她想离婚，但是要付房租要养儿子，经济不宽裕，她离不起。最近她辞职换了新工作，一个以变态加班著称的公司。她说等她存够10万，能付得起一年的房租，能应付突发的开销，她就马上离婚。

有些人拼命赚钱，是为了想要什么男人就可以要什么男人。

而她拼命赚钱，是为了想不要什么男人就可以不要。

我的同事，1994年的妹子，长得很美。她父母对她的规划就是，当公务员，清闲地工作，嫁个富二代，安安稳稳过日子。她不要。她选了自己喜欢的工作，接下来就是每天承受父母的白眼以及很难听的谩骂。她爸甚至因为她不接受家里安排的工作，当着所有亲戚的面，扇了她一耳光。

现在，她每天工作15个小时以上，为的就是要证明：我做自己喜欢的工作，也能挣很多钱，也能过得很好，你们能不能闭嘴！

作家杨熹文说："我爱钱，爱那种来路清白干干净净的钞票，带有一点儿踏实的辛苦味道，可以让我在和男人约会时，一把抢过账单潇洒地说我来付；可以让我在伤心难过的时候，去最贵的餐馆大吃一顿，不必对着菜单上的价格斤斤计较；也可以让我在失恋后，依旧住得起两室一厅的房子。"

而我想说的是：**我们这么拼，这么努力赚钱，就是为了要用"老子有钱"四个字，去堵住所有人的嘴。**

当有人说，你为什么还不恋爱，还不结婚，还不生孩子？

关你屁事儿，老子有钱。

当有人说，你就不怕将来没有老公，没有孩子，老无所依？

关你屁事儿，老子有钱。

当有人说，你为什么买三万块一个的包包，你是不是太败家太虚荣了？

关你屁事儿，老子有钱。

当有人说，老公出轨，你就忍忍嘛，你就不怕离了婚，生活很艰难吗？

关你屁事儿，老子有钱。

我们有财务上的自由，才有选择上的自由，甚至才有人格上的自由。

所以那些不努力的人，混日子的人，被念叨、被指责、被歧视。

你活该。

是的，我更喜欢努力的自己

你知道，故事的结尾并不重要，生活唯一确保我们的就是死亡。所以我们最好不要让那结尾，夺走了故事的光芒。

这大概是钱德勒《漫长的告别》里最红的句子吧。

这也是今天看到一个粉丝的留言后，第一时间就想到的一段话。

这个粉丝说，他是考研党，比考研更苦B的是，跨专业考研。他本科是念国际贸易的，但他想考哲学系。因为他在高二看了尼采的《查拉图斯特拉如是说》，虽然毛都没看懂，但他从此就狂迷哲学了。高考的时候迫于父母压力，报了不喜欢的系。这一次，他不想听父母的话，他只想听自己的话。但是实在太苦了，无数次他都想放弃。他感觉自己比高考前还要累100倍。

每天从早上7点到夜里1点，只要醒着，他就在学习。

他每天喝两杯咖啡一瓶红牛，到后来也不太管用了，还是困。有一次去厕所拉个屎，结果拉着拉着，靠着墙就睡着了。

还有一次他去图书馆看书，靠着书架就睡着了。他觉得能眯五分钟，都是幸福的。

有一天晚上，他梦见自己差一分考上，就差一分。他在梦里大哭。

醒来之后，他发现全寝室的人除了他，都在熬夜——在斗地主。

他第一次开始动摇，为什么要这么努力？为什么不能轻松一点儿？他最担心的是，万一考不上，那他岂不是成了一个傻×、一个笑话？

我很想用最简单的回答，比如：世界那么大，我们不能只满足于做一个计较得失的傻×。

但是，我特别特别能理解他的动摇。

以前我也是个混世魔王啊。

以前我的理想是，像庄子所说的，坦然地在野外玩儿泥巴。

以前我的"名言"就是：不要把人生浪费在正事儿上。

以前我的微博签名是：用生命在鬼混。

以前我每天致力于吃喝玩乐看电视，抽空做点儿正事儿。

以前我还有空给李易峰写信，为了李敏镐跟台湾的一个剧评人吵一天架。

以前我的人生用一句话就可以概括。

这句话就是负能量鸡汤中最棒的一句：

努力不一定会成功，但是不努力一定会很舒服哟。

我以前也热爱写作，但写的更多是些浑不吝的歪门邪道。我还和几个闺密一起写了本书（虽然没有出版），叫《成功算个球》。我还写过类似《一个月长胖30斤的秘诀》《如何成功地避免升职加薪》《低效能人士的100个习惯》这类神经病文字哪。

现在我写的是《我喜欢这个功利的世界》《为什么我们要这么拼？》

以及《你觉得为时已晚的时候，恰恰是最早的时候》。

我的写作史，就是一部打脸史。

有粉丝说，咪蒙，我还是喜欢以前的你，那时候，你多好玩儿、多酷啊。

是的。

那时候，我没有软肋，没有欲望，没有痛点。

一个没有欲望的人是无法战胜的。

然而这一年，发生了太多事。我有了切切实实的痛点。我有了更多的责任感。更重要的是，我有了想做的事。以前，我列过《绝经之前一定要做的50件事》，其中只有一件正经事。现在，这50件事里，有了第二件正经事。我想给自己5～10年时间，去拼尽全力，写一个好剧本。

当你有了想做的事，你就有了痛点，有了软肋。

人一旦有了梦想，就成了上帝的人质。

提梦想是为了标榜自己吗？一个有梦想的傻×，还是傻×啊。老实说，我是鼓起勇气才敢提起梦想的。当梦想已经被用滥的时候，这词简直有点儿恶心了。

好吧，我们抛开梦想。我只想说，过去这些年，我玩儿腻了，我想换一种活法，换一种不一样的体验。人生不就图个体验吗？

我每天从早上9点到夜里1点，都要跟编剧团队开剧本会，讨论剧本。

我每天只有中午两小时和晚饭一小时可以给公众号写文章。如果没写完，只有睡得更少。

我每天只有拉屎的时候才能用手机刷一下朋友圈。

我只有打车的时候才能给我妈打电话。

我颈椎痛了三个月，到现在都没时间去治，虽然中医馆就在楼下。

我的牙痛蔓延到神经痛、偏头痛，实在受不了了去诊所看，本来需要复诊三次，我根本没空去。

连续工作一个多月，哪怕能放半天假，我都觉得是赚到了，甚至有种犯罪感，这样玩儿半天真的可以吗？

没时间上厕所都不是什么事儿了。

实不相瞒，我已经成了憋尿小能手。

我学到的最重要的一点就是对时间的敬畏。

我觉得自己已经很努力了。

前两天，我刷豆瓣，看到一些讲努力的帖子，发现自己弱爆了。

有的人为了考研，住地下室，冬天没有暖气，没有窗子，没有阳光，只有几平方米，像个牢房……还有一种诡异的潮湿感，被子都是湿湿的，晒干了又变湿了。即使如此，每天晚上睡觉的时候还是觉得幸福，至少有五小时是可以休息一下的。

有的人为了考GRE，50天一次门都没有出过。连吃泡面都觉得浪费时间，每天吃热狗，连尿尿都有热狗味。严重缺乏维生素，牙龈一直流血。肩膀肿了，颈椎突出，腰椎突出，太痛，拿个棍子敲一敲，缓解一下，继续拼。

以前看这些，会觉得跟自己没关系。

我是站在看台上负责嗑瓜子的闲人。

现在我已经上了赛道。我刚刚起步，我想朝着终点的方向，奋力奔跑。

前几天，跟我一起写过《成功算个球》的闺密蕾蕾菜问我：你喜欢现在的自己吗？

是啊，我算不算变成了自己曾经讨厌的人呢？

我仔细想了，我发现我喜欢。

以前的自己，我很喜欢。

现在的自己，我也很喜欢。

因为都很真实。回顾起来，我最喜欢的日子，并不是很安逸很闲散的日子，反而是我拼尽了全力，想要去做好一件事的日子。**做最艰难的事，才是进步最大的时候啊。**

我问过身边很多人，他们也认同这一点。他们上大学的时候，也是浑浑噩噩。每天打DOTA泡妹子，要不就是每天晚上花几小时拿手机把每个社交软件刷到没有任何更新为止。那个时候没有目标，没有方向，没有价值感，觉得自己没有任何用。

即使每天什么也没做，也觉得特别累。

现在他们跟我一样，很拼，很累，反而有一种很踏实的感觉。

我不想承认，但又不得不承认，原来人类还是需要正能量的。

王小波说，人的一切痛苦，本质上都是对自己无能的愤怒。我知道，就算努力了，我也不一定能变得很牛×。

但是不努力，我怎么知道老天给我的极限在哪儿？

我想赌一把。

我不断往上爬，不是为了被世界看见，而是想看见整个世界啊。

最可怕的是，那些富二代比你还努力啊

你知道最操蛋的人生是什么吗？一个网友给我留言，说他24岁，刚找了份不错的工作，觉得自己特牛×。突然听说富二代同学创业成功，拿到2000万投资，顿时觉得自己是个大傻×。"这个社会太不公平了，我苦苦追求的上限，不过是他的起点。"他工作都不想去做了，恨不得现在就回老家混吃等死。

自怨自艾是世界上最傻×最不酷的事儿了。
你苦苦追求的上限，不过是人家的起点。
那你先到上限再说啊！
你觉得人家是富二代，你再怎么努力都超不过了，
那你先把那些不是富二代的大多数超过了再说呀。
你都不是富二代了，你都输在起跑线上了，所以你更要拼尽全力啊。

正是因为没有爹可以拼，我们才要拼命啊。

想起几年前认识的一个女生，有一份全职工作，业余时间写网文。那是六年前吧，她一年靠写网文就能赚200多万。我一听这个数据就惊了，接下来我就展开了大面积的嫉妒。

凭什么啊。

她的网文很一般哪，各种无聊意淫哪。凭什么值这么多钱？直到某天，我听说她是怎么保持每天持续更新5000～10000字的网文的时候，我就闭嘴了。哪怕是生病住院，她也会一边打着吊针，一边在病床上把文章写了。她熟练掌握了在出租车上写作的技巧。

有一次她去日本出差，工作到半夜才回宾馆，结果凌晨3点，她室友发现她不见了。出去找她，才看到她蹲在宾馆的走廊上，借着微弱的光，吭哧吭哧写文章。因为怕影响室友睡觉，她就在走廊上写到凌晨5点。勤奋得难以置信呀。

偶然的机会，得知她家是土豪，开连锁超市的。我再一次惊了。写文章这种脏活儿累活儿，富二代也干？问她为什么要这么拼，家里不是挺有钱吗？她说，我最讨厌你们这么问了，我家里有钱，跟我有什么关系？呃，这话没法接了。

对我来说，她的故事最大的励志效果，就是每次我偷懒赖在床上，不想写稿的时候，想想她在宾馆走廊上蹲着打字的样子，再想想我银行卡上的余额，我就灰溜溜地起床，默默地打开了电脑。

作为穷B，我努力点儿还不行嘛。

我还认识一个骚年，初中毕业就去美国上学了。既然要在异国留学，总得给他添置点儿什么吧。于是，他父母在英国给他买了栋大别墅。本来他们看中一栋1亿多的，有点儿贵了。他老爸握紧了他和他妈妈的手，对他们郑重道歉：爸爸对不起你们，买不起这套，我以后会更加努力，让你们住得起这样的房子！于是，他们勉为其难买了套2000多万的。

在这样的家庭，骚年就算每天什么都不干，这辈子也能骄奢淫逸胡吃海喝了。但他没有。他念的是一所变态名校，里面全是顶级学霸。他每天都要学习到半夜12点，第二天早上6点起床。周末都得补习。他最喜欢的游戏"撸啊撸"，两年没玩儿了。前几天没忍住，玩儿了半小时，为此他惩罚自己连续一周，每天少睡一小时用来学习，把玩儿掉的时间加倍补回来。

这让我们这些每天睡觉前、醒来后都要刷半小时以上微博、朋友圈的芸芸众生情何以堪。

那么，富二代为什么要这么拼？

以前我在报社的时候，采访过一个富二代。他26岁的时候就开了家IT公司，别人都觉得他很牛、很酷炫。事实上，他跟所有苦B创业者一样，租了个小房子当办公室。为了省时间，大部分时间住在公司，晚上睡沙发，第二天醒来接着工作。

他说，我起点是高，但是站得越高，摔得越惨。刘瑜不就说过嘛，海阔凭鱼跃，天高任鸟飞——你怎么知道不是海阔凭鱼呛，天高任鸟摔呢？最让他难过的是，如果一般人失败了，可能就周围几个人看笑话；而他如果失败了，看他笑话的能排几条街。有钱人的烦恼谁不爱啊，他隔壁二大爷家的狗都要开心几天。

有些富二代赚钱的原因更单纯：穷。

我们觉得他们是富二代，在他们的圈子里，未必如此。

就像我们眼里的有钱人，在王思聪眼里，还是个穷B。

而王思聪在马克·扎克伯格、比尔·盖茨这些全球超级富豪眼里，也是穷B啊。

既然穷就要努力奋斗。

好吧，就算他们不认为自己穷，比如"国民爸比"马云的儿子马元坤，算是中国顶级的富二代了吧？据说在杭州读书的时候就是学霸，现在在伯克利大学读书，据周围人爆料，评价他是四个字：低调、勤奋。

如果说富二代生来是兔子，我们生来是乌龟，**即使我们再努力也追不上兔子，那也可以是乌龟里跑得最快的那一个呀**。再说，我们也不用把目标放在超过兔子上，作为乌龟，我们可以去自己想去的地方。但是不要停止奔跑。

无论如何，总比做缩头乌龟好。

有一段话，我很喜欢：**人会长大三次。第一次是在发现自己不是世界中心的时候。第二次是在发现即使再怎么努力，有些事终究还是令人无能为力的时候。第三次是在明知道有些事可能会无能为力，但还是会尽力争取的时候。**

富二代拼爹不公平？其实很公平

收到一个粉丝情绪激动的留言："咪蒙啊，我的亲人啊，我想问你个问题啊。你知道哪里有卖AK-47的吗？我想把我一室友给突突突了。事情是这样的，昨天晚上我带女友去一酒店开房。然后碰到我一室友……"

我脑补的是，于是你们就3P了？于是你就想崩了他？

妈蛋，完全不是，可惜了我熊熊燃烧的八卦之心哪。

我的粉丝说，他这才知道，室友本来说是在这家酒店实习，原来这家酒店是室友家开的。这家酒店是室友他爸送他的生日礼物。然后我的粉丝就很不爽了。然后他保持了21年的处男之身，昨晚变成22年了。因为他连乱搞的心情都没了。他觉得世界太不公平，拼爹太恶心了。

其实，别愤愤不平了。

拼爹挺公平的。

拼爹为什么公平呢？因为咱们得从历史的角度看问题啊。单从我们这一代来说，拼爹确实不公平。我们又没犯错，怎么莫名其妙地，被富二代一衬托，我们就成穷×了呢？就像前段时间参加一个聚会，一帮富二代在讨论去美国买地，一亿多一块地，便宜。我以为这是在开心农场呢。

和富二代聊天的心情有多不爽，我也懂。凭什么我们一样努力，富二代就比别人资源多、人脉广？

但是，我必须说句实话。

竞争呢，不是从我们这一代开始的。

竞争从上一代就开始了。

人家的爹地比我们的爹地更努力啊。

人家的爹地比我们的爹地有魄力啊。

人家的爹地比我们的爹地敢冒险啊。

20世纪八九十年代——

我们的爹地还在吃大锅饭，旱涝保收啊。

人家的爹地就下海经商，破釜沉舟了好吗？

人家的爹地在打飞的，我们的爹地可能在打麻将。

人家的爹地在打关系，我们的爹地可能在打酱油。

看出差别了吗？质的差异好吗？我知道，你想说的是：Oh no，我不听，我不听。答应我，咱们都是穷B了，就别那么任性，好吗？

我一朋友，她两岁多的时候，她爸就去了深圳，开了个制衣服的小作坊。接着她妈也去深圳了，帮她爸打理小作坊。从此爸妈对她来说，就是一张照片。也不完全是，一年还是能见一次的——过年的时候。没错，爸妈就相当于圣诞老人那种稀有的存在。

她是被外婆带大的。我这朋友也是个二货，一直以为跟着外婆是正常的。后来她跟我们玩儿，来我们几个小伙伴家里，才发现原来正常的家庭，是每天都能看到爸爸妈妈的。吃饭的时候，爸妈会给孩子夹菜的。天气冷的时候，爸妈会给孩子加衣服的。这些她从记事开始，就没体验过。

她吵着要去深圳，吵着要见爸妈。她爸妈每次都说，明年就接她去。这话说了十几年。

她怕孤单，成天邀请我们去她家睡觉。

她怕下雨，因为不会有爸妈来给她送伞。

她怕家长会，因为她外婆耳朵越来越背，老师说什么都听不清。

等后来，她父母生意稳定了，公司做大了，有职业经理人打理了，才把她接回身边。那时候她已经上大学了。因为童年期和青春期基本上父母都没参与，所以她跟父母的关系很生疏。

前段时间微信聊天，我们聊起父母。我吐槽我妈，说我妈真的很浮夸，让我给她买个貂，她以为自己演《雪山飞狐》啊。

她说，真羡慕你，你跟你妈关系真好，我跟我父母就不是这样，我从不跟他们开玩笑，也不会跟他们闹情绪。我现在跟他们说话，还会使用礼貌用语。

她爸妈唯一跟她说的话就是，缺钱吗？要不给你打点儿？

她半年前去美国生二胎，她爸给她账号上打了100万。

写到这儿，我本来是要说，你看人家富二代有钱，人家爹妈打拼，也是牺牲了亲情的。但写着写着突然发现，这种纯洁的金钱关系也很棒啊。我什么三观啊？扇了自己两个嘴巴子，才勉强清醒过来。

不管怎么说，人家父母是实实在在打拼出来的事业。她父母当年在深圳，破产三次，几起几落，最穷的时候住过天桥。有一年因为资金链断裂，她爸被高利贷放债人追着打，她妈一夜白头。

人家吃了更多苦，挣了更多钱，留给孩子，这不公平吗？

这很公平啊。

我们的父母追求安稳，人家的父母冒着高风险创业。

现在我们要求大家必须过一模一样的生活，这才叫不公平吧？

其实呢，我们那么反感富二代，真的是因为反感贫富差异吗？不是的。

我们反感的是，为什么富的那个不是我？谁不想当王思聪啊。

我们不是反感不公平，而是反感自己不是既得利益者罢了。比如国家规定，从今天开始，全国人民无条件跪舔你。

你说这个原则公不公平？

不公平。

你喜不喜欢？

正因为财富可以世袭，甚至资源、人脉都可以世袭。

这才给我们提供了一个可以造福下一代的机会啊。

我们不是富二代，我们的孩子可以是富二代啊。

我一个朋友，家里穷得叮当响，是靠助学贷款上完大学的。那时候他是学校出了名的变态学霸，寒暑假都没回过家，只要醒着就在学习。吃饭、走路背单词算啥？人家拉屎都在背单词。后来拿了全奖去美国名校念了经济，回来进了投行，只要醒着就在工作。他和老婆好不容易去马尔代夫度假，别人都在日光浴，他在沙滩上打开电脑开视频会议。现在人家孩子上贵族学校，一年学费30多万，眼睛都不用眨。

他是穷B，可他孩子是富二代呀。

与其抱怨规则，不如把自己变得强大，适应规则，甚至去改变规则。

其实，很多看起来不美好的事，背后还是承认一个美好的价值：

至少这个世界是承认努力的。

只要我们努力，就可以从这一代开始改善。

你不是王思聪，但是可以成为马云呀。

不要让孩子输在起跑线上——这句话很古老，但你搞清楚什么是起跑线了吗？

你就是你孩子的起跑线啊。

如果你那么仇富，与其瞎BB，不如努力点儿，成为别人仇的富。

女人年轻的时候首先该干吗？先挣钱！

几年前，樱桃来我们单位实习的时候，读大四，勤劳勇敢任劳任怨，布置给樱桃的任务，她永远能做得又快又好。这么好的资质，还这么努力，当时刚好我们部门在招人，我跟樱桃说，我们考虑留下你，你好好准备简历，只要人力资源部通过了，你毕业后就是我们的同事了哦。

当时我所在的单位是全国一流的报社，夸张点儿说，是全国新闻系、传播系的学生膜拜的地方。那一年就业形势还超级惨淡，按照常理，听到这样的消息，幸福到晕厥，或者原地旋转三圈，都算是克制的了。

樱桃拒绝了。

她说，她从小到大的梦想就是当好一个贤妻良母。当记者的话，工作时间太不稳定了，虽然不用打卡上班，同时也意味着不能准点下班。她想找个朝九晚五的工作，比如当个老师，进个国企，安安稳稳，因为男友是搞IT的，工作忙，她希望每天他回家的时候，能吃到她做好的饭。

贤良淑德，多么稀缺的品质。

我本来该给她点赞的。

但是我真的当她是妹妹，于是我跟她说，最重要的不是先让男人吃上饭，而是让你自己吃好饭。

她说：对，所以我想找个铁饭碗，不想冒什么风险，找什么需要加班加点打拼的工作。

我说：什么叫铁饭碗？不是你在一家单位有饭吃，而是你去任何地方都有饭吃。你才23岁，就想图稳定了？稳定是需要资本的。当你年轻的时候努力上进，熬过最开始那几年，到了30岁，积累了足够的能力和经验，你才有资格谈稳定。就像我当初在报社实习，为了暗访收容所差点儿被打，为了采访打工子弟学校差点儿招惹黑社会，为了负面报道被一个大学校长指着鼻子威胁，让我出门小心点儿，后来正式当了记者，为了一篇稿子没写好而哭，为了一个标题没取好而哭……只有经过这些，我才勉强有了安全感。

然后，我语重心长地劝她：妹子，与其把青春、把人生维系在男人身上，还不如先挣点儿钱。以你的勤奋度，在我们这儿，一个月拿一万块稿费都不算难，还能积累人脉，以后想转型，都有很多可能性……老子掏心掏肺，口水都说干了。樱桃听得特专心，特认真，然后说：我知道你说得很有道理，但我还是认为婚姻和家庭，比事业重要多了。

于是，樱桃就帅气地追寻她的男友和她的铁饭碗去了。

这个故事成了我自作多情、好为人师的证据之一，一直被朋友调侃。

前段时间，樱桃给我发短信：咪蒙姐，我能来看你吗？我说好。你想吃什么，我请你。

于是我们吃着火锅，聊着她的近况。本来那家火锅味道真的超赞，鸭血和豆腐超好吃，结果席间她哭了几次，害得我不能欢快地吃下去了。

樱桃大学毕业，去了一家传说中很稳定的企业，确实是朝九晚五，确实让男友吃上了温暖的饭。

没多久，樱桃的部门领导在职场宫斗中失利，导致他们的部门被裁掉了，于是樱桃被分配到一个更闲散的部门。这里的另外两个人都是挂的闲职，常年不上班，樱桃每天自己跟自己玩儿，上班的内容就是闲得无聊以及偶尔整理一下文件。

突破樱桃底线的，是换了工种之后，她的月薪从5500块降到2500块，樱桃连农民房都租不起了。樱桃辞了职，开始另找工作，她发现，自己可以选的已经不多了。一方面，工作这两年，她什么都没学到，基本上人生处于停摆，面试中对方问她什么专业问题，她都答不上来；另一方面，这一年的就业形势更严峻了……

好死不死，这段时间，也是樱桃和男友感情岌岌可危的时段，最大分歧在于花钱。男友是典型的凤凰男，最讨厌女人乱花钱。樱桃因为找工作，头发都急白了，去淘宝买了假的欧莱雅染发剂，25块，男友说她败家。

如果樱桃花的是自己的钱，她可以叫男友闭嘴，可是她当时失业，只能忍了。没有工作压力实在太大了，她只好去了一家网站，月入4000块，一周工作6天，每天加班到10点，还成天被变态领导骂。

现在她想通了，挣钱比男人重要，她想选择一份高薪的工作，可惜已经没有机会了。

其实吧，每次我看到年轻姑娘们，把大把时间和精力花在研究如何钓一个金龟婿、如何让男友不变心、如何查岗、如何斗小三儿上，我就很想说，不如放下这些，先去挣点儿钱，把跟男人死磕的精神，花一半儿在工作上，你们的格局就会大得多啊。

挣钱能得到什么？只要你做的不是邪门歪道，在你获得钱的同时，你还能获得成就感和价值感，你能获得职场技能的提升，你能获得进步和成长。

当你有了钱，生活层次提高了，见的世面多了，你就有了更多的可能性。你可以找男人，可以不找，你还可以遇到更高层次的男人。
在职场，所谓的安全感，就是单位任何时候倒闭，你都可以找到同等收入的工作。在婚姻中，所谓的安全感，就是任何时候离婚，都独自养得起孩子，并且不会降低生活质量。
通常情况下，钱比男人更能带给你安全感。

干得好不如嫁得好？屁咧

先给大家讲一个励志故事。

何禾刚到深圳的时候，住在CBD中的城中村。周围全是顶级豪宅。

她常常自嘲是"百万富翁窟里的贫民"。

每一天，她都会经过高大上的豪宅小区门口，再穿过杂乱的小巷子，经过一些暧昧的发廊，门口是浓妆艳抹的小姐，偶尔还有疑似吸毒的男青年在徘徊，然后才能到达自己租的房子。14平方米的房子。

如果很努力很努力，是不是就可以买一间属于自己的房子呢？她确实很努力。

她每天晚上都加班到十一二点。她没有休过一次病假、事假和年假。

哪怕痛经痛到想哭，吃完止痛片，又假装没事儿地继续工作

从文员做到总监助理，花了三年，工资从3000块涨到8000块。

她跳槽到另一家待遇更好的公司，这一次她更拼了。体检查出她身体

里长了个小肿瘤，她做完手术只休息了半天就接着去上班。

花了四年时间，从总监助理做到总裁助理，工资涨到了16000块。

她终于拥有了属于自己的房子。

因为她嫁给了银行行长。

干得好不如嫁得好嘛。

说起何禾的故事，每个人都得出了这样的结论。

没人关心她是怎么嫁给银行行长的。

行长是何禾老板介绍的。

何禾老板是个30多岁的女强人。她说，何禾是最好用的助理。

老板带着何禾见过很多客户，每一次跟客户见面之前，何禾都会自己上网去查客户的资料，包括教育背景、工作履历、接受过的访谈，帮老板找到话题切入点，比如客户跟老板可能是校友或者老乡，比如他们可能认识共同的人，比如他们可能是同一个星座。

何禾自己建了一个完整的客户档案，上面记录了网上查到的以及见面聊到的，每一个客户的生日、星座、家庭状况、喜欢什么讨厌什么，这样下来，下一次见面聊天可以事先提醒老板，从对方感兴趣的话题开始，客户生日可以给对方发微信祝福。

这些都是再琐碎不过的事儿，但是能把琐碎的事情做得有条理、有章法的人实在是很少。大多数人只是把工作当任务，完成了事。

哪怕是跟老板去最枯燥的行业论坛，何禾也会细心记笔记，下次在老板需要相关信息的时候，及时提醒她。

老板喜欢何禾的，就是她的用心。听说何禾没有男朋友，老板就开始热心地给她物色优质男青年。

31岁的银行行长是老板的学弟，空窗了三年，何禾老板对行长说，要介绍一个难得的好女孩给她。

何禾老板是个挑剔的处女座，谈到谁都能吐槽一大堆，唯独对何禾特别赞赏。行长对何禾有点儿好奇了。

很多时候，好奇就是爱情的开始。认识四个多月之后，行长就向何禾求婚了。

所以那些说何禾嫁得好的，没有看到的是，首先是因为她干得好啊。

郭晶晶说过一句话，**你想嫁到什么高度，先得把自己送到什么高度。**

你想嫁得好，关键是你也得有这个资本啊。

不然的话，人家图你什么？图你一脸痘痘？图你一身肥肉？图你好吃懒做？图你无胸无脑？

我的朋友圈有一个精英男，四大会计事务所的精算师。他是圈内出名的炫妻狂魔，每次一发朋友圈必然提到他老婆，"我做的意面，老婆夸我厨艺好""出差买的领带，被老婆批评没品位，老婆说得对"……大家都很羡慕他老婆，说嫁得真好，老公这么牛×还这么疼她。等大家见到他老婆真人，都倒吸一口凉气，哇，长得真丑。

为毛丑女能得到如此宠爱呢？因为她是有名的才女，她和精算师是大学同学。他喜欢的，就是她的才气。她大学的时候就写小说——不是玛丽苏网文，是纯文学。毕业后当了图书编辑，自己也写书。精算师每次都觉得自己老婆特高雅，自己特庸俗，配不上她。

我们干得好，不仅仅是为了嫁得好，还为了嫁了之后，他强大，我不像是依附；他失意，我不至于落魄。

李安的老婆如果只图嫁得好，嫁了个大才子就高枕无忧，那婚后李安没有电影拍的那六年，谁来养他？正因为他老婆是生物学博士，非常酷非常努力，一个人工作可以撑起整个家，才有资本让李安吃软饭，等待有一天实现拍电影的梦想。

最后我要说的是，论概率，干得好比嫁得好成功率更高。

嫁得好，你还得看男人的心情。

而事业要单纯得多，它不会无故对你翻脸。

有段话可以献给所有女生：

我们努力赚钱，不是因为爱钱。

而是这辈子，不想因为钱和谁在一起，也不想因为钱而离开谁。

如果问爱情和面包我选择哪一个？

我会说，你给我爱情就好，面包我自己买。

那件难以启齿的小事，叫梦想

你发现了吗？我们已经越来越羞于谈梦想了。

每当别人问起梦想的时候，我们的第一反应多半是尴尬和沉默。梦想就像我们的收入一样，成为了我们想保护起来的隐私。我们大概只有在舞台上才会对梦想高谈阔论吧，在那个特定空间，梦想仿佛成了一种表演。

为什么在生活中，我们不愿意谈论梦想了？我们害怕谈论梦想，因为怕我们真诚地说出梦想的那一刹那，换来的不是羡慕和祝福，而是轻蔑和嘲笑。

就像Sunshine组合刚出来的时候，大家一片群嘲，"长成这样还想红""丑人多作怪"。就像一个五音不全的人要考音乐学院，大家会说就凭你也能考上？除非考官是你爹。就像一个作文每次都不及格的学渣，说他的梦想是当作家，大家会说，你能不能先分清梦想和妄想？

难道卑微的人就不配拥有伟大的梦想了吗？

其实，他们嘲笑的不是我们的梦想，而是我们的实力。

更可怕的是，当我们羞于谈论梦想的时候，不就是因为我们底气不足，知道我们的实力配不上我们的梦想吗？

要么放弃梦想，要么提高实力，除此之外，我们别无选择。

很多人选择的是后者，哪怕梦想遥不可及，也要一步步去接近它。

比如Bacani（巴查尼），她是香港的一名菲佣。

如果我告诉你，一个菲佣的梦想是当摄影师，举办个人影展，你是不是觉得有点儿扯淡？

Bacani实现了。她为了给弟弟妹妹赚学费，从菲律宾贫困小镇到香港当女佣。她每天的工作极其枯燥，唯一的慰藉就是晚上可以看到维多利亚港的外景，总是会让她产生想用镜头去记录这个繁华城市的冲动。然而她没有钱买摄影器材，直到当女佣的第5年，她实在按捺不住了，才鼓起勇气向雇主借钱买了一台二手相机。有一次，在街头取景，有人以为她在拍自己，拿着雨伞追打她。其实她是被冤枉的，她并不是在拍对方，只是对方恰好出现在自己构图里。只是对于路人来说，一个拿着相机的菲佣，怎么看，都会觉得可疑。她必须要超越这些眼光，才能继续练习摄影。

她白天继续工作，晚上牺牲睡眠时间去拍照。周末好不容易放一次假，她都去看摄影展，买摄影杂志，在揣摩大师作品的过程中自学。

几年之后，她的作品受到了瞩目，她拿到了奖学金去纽约大学学摄影，还开办了个人影展。菲律宾副总统还写信给她，说她是海外菲律宾人的骄傲。

从菲佣到职业摄影师，这中间存在着难以逾越的障碍，她是一步步提高自己的实力，去跨越这些障碍的。

当她站到了一定的高度，即使她的梦想对普通人来说更加遥不可及了，比如她想拿到世界级的摄影奖，但这时候，也再没有人会嘲笑她了。

如果你觉得这个故事离我们普通人有点儿远，那我讲一个身边人的故事。故事的主角是我同事的大学同学，她们的大学是一个你绝对没有听过名字的破大学。大一刚开学，每个人都有一种破罐子破摔的感觉。只有她，说自己的梦想是要开一家公司，要在她25岁之前上市。从此她就有了个外号，大家背地里都叫她"二缺"。

"二缺"果然是二缺，大一上半学期都没怎么来上课，她说学校的课都太水了，所以她要跑去找留学生练口语。其他人看她连做自我介绍都结结巴巴的傻×状态，实在是觉得很扯。

大一下半学期，"二缺"休学了，听说她去广交会当兼职翻译去了。其他人觉得广交会见了鬼了，翻译这么好当吗？这才听说她之前苦练半年之后，真的达到了可以跟外国人正常交流的水平。

大二的时候，听说"二缺"去学心理学了，大家这次更看不懂了，难道她是要去摆摊儿算命吗？倒还真没听说算命摊儿也可以上市的，新鲜。

大四的时候，"二缺"认识了一个40岁的大叔，据说一起去创业了，到处找人借钱。其他人都抱着看笑话的心情看她，真的是创业吗，不会是传销吧？班上所有同学都收到了她借钱的信息，只有两个傻×借了给她。再后来，就没有她的消息了。大家都觉得那俩傻×上当了。

大学毕业后，还有过同学聚会，大家聊起了"二缺"，说她也该25岁了，说好的上市呢？说好的梦想呢？毛都没见到一根。

两年之后，传来消息，"二缺"的公司真的上市了。虽然是新三板上市，但也是不错的呀。她的梦想虽然晚了两年，但还是实现了。当年借钱给她的两个傻×，成了她的股东。

听那两个傻×说了"二缺"的创业故事，当年她在广交会上当翻译，接触了各种商业人士，她了解了商业的基本规则。她领悟到一件事，商业的本质是人性，于是她开始去别的学校旁听心理学课程，甚至去买国外的商业心理学教程来自学。后来她认识的大叔，有几次创业经验，通过大叔她学到了更多东西。他们利用"二缺"在人性观察方面的积累，设计了一个针对年轻女性的App，到处借钱，背了很多债，好不容易App终于上线了，半年多之后，终于把原始用户积攒到100多万，但是运营成本也上去了，他们公司钱又不够了。如果没有新的投资进来，就死定了。

唯一一家对他们有点儿兴趣的投资商，处于观望期。"二缺"仔细研究了投资商的微博，发现他两次引用过一个乐队的歌词，她去查过这个乐队，叫Nightwish（夜愿），她投其所好，连续几天熬夜去了解这个乐队，把商业计划改了，重新梳理逻辑，用这个乐队的几个歌名来做章节名。这一招的效果，用霸道总裁文的话来说，就是成功地引起了投资商的注意，她拿到了第一笔风投。

听说她最近的愿望是让公司市值能到100个亿，但是现在没有人会再笑话她了。

所以，当别人嘲笑我们的梦想的时候，我们不可能让他们闭嘴。唯一的途径，就是不断修炼内功，用实力打他们的脸。

不需要害怕说出你的梦想。你反而应该大声说出来，如果有人嘲笑你，你反而要清楚地记得他们嘲笑你的样子，这才是你前进的动力。

真正支撑我们不断上进的，往往就是屈辱和不甘这种负能量啊。就像可可·香奈儿所说，与其在意别人的背弃和不善，不如经营自己的尊严和美好。

努力和拼尽全力之间差了什么？

你是不是觉得自己已经足够努力了？

如果你问我，努力是什么鬼？Oh no，那我们只能手动再见了。

如果你的答案是，是的，我已经很努力了。Oh no，说明你还不够努力。

我想每个人看完游戏大神Sky的故事，应该就再也没有脸说自己努力了。反正自从我在《智族GQ》上了看了关于Sky最详尽的报道，我就深深感觉到，在努力这个领域，自己简直就是个渣。

Sky可以完爆我们在生活领域中所认识的一切以努力著称的人。

你愿意为你所热爱的事情付出多少东西？Sky从他初二迷上《星际争霸》（下文简称《星际》）开始，就在不断地探索自己所能付出的上限。

自从玩儿过《星际》之后，这款游戏就成了他的地心引力。他早退，他翘课，他上网，他知道自己是好男孩儿……Oh no，我写错了，他知道自己是好玩家。他连吃饭和洗澡都要加快速度，就是为了省下时间去玩儿游戏。他老爸反对他玩儿游戏，频繁地揍他，但是他是挨打界的一把好手，他爸打得再狠，他不顶嘴、不反抗，只要手还能打游戏，腿还能走，他挨完打立即出发，往游戏厅跑，每天都在网吧过夜。

对，你会说在网吧玩通宵很正常，我也试过。但是Sky不一样，首先他是长达10年都在网吧通宵过夜，每一次跟他一起通宵训练的队友，到后半夜都崩溃了，就开始干点儿别的，聊聊天，玩一玩，每隔5分钟，Sky就劝他们，求你们，别聊了，打《星际》吧。别人被催得烦了，不想打游戏，想打他了。

他当时为了省钱上网，一天只吃一顿饭，每天早上通宵结束之后，花1块钱买10个水煎包。他把全部的时间，全部的钱以及整个生命，都交付给游戏。

2001年，Sky加入了CQ2000的战队，他在这个战队里面，属于一个大写的渣。Sky知道自己不苦练就完蛋了，用自己的话说，"每天晚上练到拿起鼠标眼睛模糊大脑无意识，不知道自己在打什么东西"，你以为他会停下来吗？不，就在这种状态下，他还能坚持打很多个回合。他会坚持到完全没有意识，再打就会昏过去，或者连所有的对手都睡了，所有二线三线以及八十八线对手都不愿意跟他打了，他才会结束一天的训练。

他当时的对手说，"游戏训练是极其枯燥的，一般人训练的时候都会打得比较随意，比赛时才会比较专注，但Sky就连训练也跟比赛一样，全力以赴"，这就是Sky变态的地方吧。他还有一个特点，就是喜欢找虐，喜欢找到比他强的高手，用坑蒙拐骗各种方法让对方陪他练。一般人一定会有这样的经历，当你和比你强的高手打任何游戏，打两三把知道自己打不过了，就会放弃，因为太没意思了，绝望了，谁会喜欢输，并且是持续、永远、没有尽头地输下去啊？而Sky不一样，他可以求着对手无止境地虐他，他不怕输。他真的不是抖M吗？

他把打星际当成一件无比神圣的事儿。跟所有学霸对待高考一样，他也有错题集，他随身带着一个小本本，每一次输了都要总结自己的经验和教训，到下次比赛前再拿出来反复看反复琢磨，预防再次出错。这个习惯，他坚持到退役，那时候他已经写满了十几个笔记本。想想我自己，努力程度也不差啊，我点过的外卖店的菜单，摞起来也有十几个笔记本那么厚了吧。

2002年，Sky去西安比赛，找室友借了路费，在最老式的列车里，在烟味儿、脚臭味儿、泡面味儿、腋臭味儿等味道的包围中，他在狭小的厕所空间里，不吃不喝待了7个小时。这个时候支撑他的信念是，没关系，只要可以比赛，只要赢，一切都可以忍受。

到了比赛现场，三轮之后，他就被一个不知名玩家刷下来了。

他在回去的路上，被一个终极问题深深困扰："我是不是不适合电竞？"

是的，这个事实非常残酷，Sky没有天赋。然而在电竞行业，天赋极其重要。当时16岁的天才型选手xiaOt，两年前就可以完爆加拿大职业选手，那之后就得到了一个月薪3000元的半职业合同，而当时在他们城市银行工作的职员，一个月薪水才1000多。而Sky最崇拜的天才选手CQ2000，已经拿到了全球《星际争霸》第三名以及《魔兽争霸》第二名，而CQ2000一般一天只练习2到5个小时，有时候为了放松，甚至一个礼拜都不训练。相比之下，Sky每天训练时间10到18个小时，却一无所获。他想到爸爸为了给他找一所好学校，让他不要被电玩耽误前途，他爸那么大年纪，四处送礼，到处求人，他忍不住哭。这一次，他决定放弃游戏了。

写到这里，真的好伤感啊。真的很想哭。

还好，他没有放弃，他不甘心，他反而更决绝了。他索性住在网吧，没日没夜练习，右手都练出一层老茧了，实在困到撑不住了，才在旁边的铁架床躺一小会儿。他向父亲保证，这一次参加全球最牛的WCG比赛，"打不好，就再也不玩游戏了"。结果，他输得更惨了，第一轮就被淘汰了。坐在电脑面前，他打出了"GG"两个字，意思是good game（打得好），表示自己认输了，他体验到了一种强大的无力感，眼泪止不住地往下掉。老实说，这一段我看过很多次，每一次我都能看哭。

哭过之后，Sky做出了一个决定，他起身去跳楼。最让我有所触动的是，他跳楼，并不是为了去死，而是为了摔断自己的胳膊，那样就再也不用因为《星际》而痛苦了，那样他就可以死心了。

他不是因为觉得输掉了很丢脸，而是因为对自己有一种深深的绝望："我跟别人的差距太大了，我可能一辈子都赢不了。对自己特别失望，不敢再相信自己了。"

他消停了一段时间，一个月之后，他又开始重回赛场，这次终于拿了一个小奖，当时面临着毕业，所有人都去找工作了，他坚决不找，当起了半职业选手，听起来有点儿酷炫，其实他的工作地点是在一家网吧，月薪100块，睡在仓库。

经过了那么长时间的努力，2004年，Sky终于可以以对手的身份，站在昔日那个遥不可及的天才选手xiaOt面前。

他赢了。

这是一次勤奋与天赋的巅峰对决。

Sky的打法极其死板，不管对方怎么变，他永远不变。然而xiaOt是天才型的打法，灵活多变，极具观赏性。Sky的可怕之处在于，"每一个对手在开赛前就知道Sky要用什么打法，但依然会被他击败"。Sky说："100%的执行力是不够的，我要把执行力做到200%。"Sky像个机器人一样，重复训练上万次，精雕细琢每一个细节，对每一种可能出现的变量，都深思熟虑，他把一种笨拙的打法，发展为一种流派。他的对手xiaOt最开始特别看不起他，觉得他太傻太笨拙，但是到后面，却被他的傻和笨拙给干掉了，反而开始佩服他了。

Sky刷新了他的偶像CQ2000的纪录，成为中国电竞界神话级的人物。

每一次看到Sky的经历都觉得特别燃，为自己的不够努力而深感羞愧，总觉得应该立马起身，出门去找个网吧，打几局《连连看》。现在开始勤学苦练，成为世界级电竞高手，应该还不算晚吧？

努力和拼尽全力之间，到底差了什么？

就是不死心。

假如Sky真的死心过，他就不会有今天。

看《疯狂动物城》的时候，我特别喜欢一段就是，狐狸说："你是不到黄河不死心啊！你给我好好记着，你就是一只该死的只会种萝卜的兔子，除此之外，你什么都干不了。"兔子说："你说对了一件事，我就是不知道死心。"

不死心，就是那些奋不顾身去努力的人最让我们感动的地方。这就是为什么天才只能让人惊叹，却不能鼓舞人心，只有那种跟我一样平凡甚至平庸的人，不屈服于自己的平凡，明知不可为而为之，最后战胜那些天才，才能让我们热血沸腾。

比起天才，我们更想看到奇迹。

想不想成为一个新的奇迹？那就停止你的努力，去拼尽全力吧。

Chapter

4

对不起，我没有时间讨厌你

你成功，但我能保证你快乐。

做你喜欢的工作，我不能保证

不计较得失。你愿意付出一切。

面。你愿意超越功利。你愿意

激发你人性中最美好的一

当你喜欢的工作的时候，会

对不起，我没有时间讨厌你

被人渣伤害了，我该报复他吗？

这是最近粉丝咨询率最高的问题之一。

一个女生怀孕八个月，发现老公沉迷于网上约炮。为了报复老公，她想苦练性爱技巧，成为床技达人，让老公迷恋自己，再一脚踹了他。

另一个女生当初不顾父母反对，嫁给凤凰男。结婚才一年多，老公就勾搭上了楼下咖啡店的老板娘。老板娘比她老、比她丑，她怎么都想不通，问我，怎么对付渣男才能解气？恨不得给他喝一剂阳痿汤，一了百了。

还有一个女生，上司总是借酒装疯，对她搂搂抱抱。她提出辞职，上司不同意，还以各种理由要挟她。上司老婆在朋友圈发长文，暗指她不要脸，勾引自己老公。她被这两个人渣恶心坏了，恨不得网购砒霜毒死他们。

最好的报复方法是什么？

先讲个故事吧。

芹菜是我认识的女孩中最有女人味儿的一个。长得白净清秀，说话声音都细细的。她老公当初追她的时候，爱的就是她温柔似水的性格，等他出轨的时候，说辞是"跟她相处简直淡出个鸟来"。那时候，他们的孩子才十个月大。

芹菜说：你忍心吗？女儿这么小，就不能等到孩子大一点儿，至少上了幼儿园，我们再离婚吗？

她老公说：可以啊。

于是，他就带着小三儿去了另一个城市，追寻伟大的真爱去了。只当芹菜母女从未存在过。

留下芹菜和一个嗷嗷待哺的孩子。她只好把女儿带回娘家，请妈妈帮忙一起照顾。芹菜的妈妈特别爱面子，每天都变花样羞辱芹菜，觉得她一个男人都管不住，太无能。

芹菜继续工作，每天她唯一能做自己、唯一能哭的地方，就是地铁和电梯里。哭过了，抹干眼泪，换回笑容，回家陪刚学会说"妈妈"和"抱抱"的女儿。

有一次，芹菜出差，老板是个抠B。出差吃住补贴每天150块，花费多了就要自付。芹菜订了一家130块的招待所，白天吃饭已经花了近20块。晚上坐长途大巴回家，路上司机把车停在一家饭馆，让乘客们去吃晚饭。芹菜看最低消费一个人都要35块，她舍不得吃，去超市花5块钱买了个面包，站在马路边就着随身携带的白开水，凑合一顿。结果大巴开动的时候，她因为离吃饭的乘客们比较远，没注意到。等她看到了，只好脱下高跟鞋一路狂奔去追，跑了200多米，大巴才停下来。

她狼狈地坐在大巴上，朋友打电话来，说看到她老公和小三儿正在三亚旅游呢。想到自己疯狂追大巴的惨状，再想想那对狗男女在海边嬉戏，反而激发了芹菜的斗志。她最擅长的就是英语，她想当同声传译。

接下来的五年多时间，除了每天花一小时给女儿洗澡，给她讲故事，以及周末花半天带女儿去附近公园逛逛以外，芹菜没有其他任何娱乐，没有买过一件衣服。

她干吗？练习英语。她先花了两年多，靠两份工存了10万块，去报班学习。翻译班的学费真贵。同时，业余时间把BBC调到1.2倍速，1.7倍速、甚至2倍速反复听。把联合国网站上的会议现场和白宫的会议现场，反反复复变速听。直到什么境界呢？之后听英语原声电影，都觉得别人在调慢语速说话。

她用变态的地狱式训练，让自己成为她所在的城市中收入最高的同声传译，1小时5000块以上。她依然是那个温柔的芹菜，但眼神多了坚定和自信的光芒。

而她现在的老公，也是被她现场翻译时淡定的态度、专业的技术和得体的仪态打动了。她老公是欧洲某电器公司高管。至于之前的渣男，她都快记不清他的样子了。据说渣男和小三儿早分了。渣男创业一阵子，又倒闭了。最近一次遇到他，他在路边为一碗12块钱的卤肉面少了几块肉跟老板吵架。

问她曾经想过报复渣男吗？她说想过啊，但是不能啊。因为报复渣男，花时间去对付他的话，女儿怎么办？女儿谁来管？不能因为憎恨的人，伤害了最爱的人。她的当务之急，是提高自己赚钱的能力，让女儿得到最好的教育。

她拼尽全力，就是要保护自己所爱的人。

人生那么短，爱都来不及，哪有时间去恨呢？

遇到渣男，遇到贱人，最酷的态度无非就是：对不起，我没有时间讨厌你。

谁的一生中不会遇到几个贱人哪？

对付人渣最好的方法是啥？让自己过得更好。

真的。不要在你讨厌的人身上花任何一分钟。

他——们——不——值——得。

你试图恶心他们的时候，你降低了你自己。经济学上的一个重要原理就是及时止损，在感情世界里也一样。你都意识到自己看错了人，遇到了恶棍，赶紧让他们滚蛋。与此同时，在内心把他们当成你的动力，激发你的斗志。渣男是啥？

他们是疯狗，你被疯狗咬了，还要咬回去吗？

他们是一坨屎，你本来要吃肥肠，结果吃到了屎，你不赶紧吐掉，还指望让屎意识到自己的错误，让屎难过，让屎不爽？

我们去报复人渣，其实是抬举了人渣。

如果已经不爱他了，何必浪费时间和精力，去折磨自己？

如果还爱他，何必用恨的形式来表现？

爱的反面并不是恨。

爱的反面是遗忘。

林夕写过一句很赞的歌词：原来若无其事，才是最狠的报复。

道理很多人都懂，就是做不到。因为不服，因为不甘。一想到贱人得意的样子，到底是意难平。但能怎么办呢？别忘了，他既然舍得伤害你，说明他不爱你，至少是不够爱你。对一个不怎么爱你的人，你报复起来，难度太高了。人家根本不在乎你啊。你机关算尽上蹿下跳，只会让他更看不起你。你耿耿于怀，对他有毛用啊。

所以啊，**想做一个帅气的女人，就要拿得起，放得下。**
分手，拉黑他。再不相见。
然后努力爱自己，投资自己，变成更美好、更优秀的自己。不管是在外貌、事业、学历、事业、交际圈任何一项或多项上投资和经营，提高你自己，提高你的境界和层次。
有句话不是很流行吗？你是什么档次的人，才能遇到什么档次的人。

当你完成了层次的跨越，你就永远被渣男仰视了。
他的世界与你再无交集。
等你足够优秀，足够牛×，你就会发现，你把当初要报复他的想法，忘得一干二净。
他就像一个屁，被你放掉了。
多年之后，你只需说一句："谢君当年不娶之恩，今日嫁得如意郎君。"

要么忍，要么滚

上周在深圳，给北京的朋友发微信，说，我很快就回北京了。朋友说，你娃才去北京一个多月，就开始说"回北京"了？

哇。

这才发现，我这么快就已经适应一座新的城市了。在这之前，我是真的一点儿也不喜欢北京的。

因为雾霾。

因为堵车。

有这两样还不够吗？

但是当我决定要搬到北京的那一天，我就决定要喜欢它。于是我会特别留意去发现北京的美好。北京的银杏树真是美到极致，下雪的故宫简直是偶像剧画质啊。北京有好吃的煎饼馃子铜炉油焖鸡小吊梨汤猪蹄火锅以及超正宗的重庆老灶火锅。哎呀，写不了了我想去点外卖吃。北京的外卖也有好多好多选择，作为吃货简直爽翻。来北京一个月我胖了五斤（咦，这算是北京的优点吗？好像哪里不对）。更重要的是，北京的影视圈、文化圈太多牛×的人、太多有趣的人，视野、见识、智商一流，跟他们相处每天都能学到新东西，爽！

从现在开始，老子就是北京控。

我总是能看到很多人有事没事都在抱怨自己所在的城市，仿佛多待一天他就会疯掉。请注意，他们不是吐槽一座城市，吐槽是基于善意的，我喜欢它才调侃它。他们是在抱怨，是基于厌恶和反感，仿佛这个城市是天敌，是罪恶，是阻碍他们生存的大BOSS。他们诅咒它、批判它、唾弃它。

但他们打死也不走，一待十年。这种"老子就是不爽你，但老子就是不离开你"的状态，是搞毛啊。

其实我以前也是这样的。

大学的时候，我去了一座自己完全不喜欢的城市。我每天都在抱怨这个城市各种不好。去吃饭，说"天哪这里的东西好难吃啊，我好想死"；逛个街，说"这绝B是全国最大的县城太土了"；

然后有一天，本地的室友实在受不了，说：你这么不喜欢，你滚哪。谁让你待这儿了？

说得真棒！

时隔多年，我真想穿越回去给这个室友鼓掌！

真的。我当时既然那么讨厌那个城市，就滚哪。申请出国，申请去当交换生，方法多的是，任何一种都比抱怨好。不做任何事，光坐在那儿瞎抱怨，除了显示你的愚蠢和无能，还有什么别的好处吗？

当那个室友这么一说，我就深刻反省自己真的很傻×。我再也不抱怨了。我重新去发现那个城市，其实它有很可爱的一面。

当你讨厌你所在的城市，就问自己：你要不要离开它？

如果不是，那么寻找它的优点，接受它。

对待爱情，又何尝不是？

我有个同事，是个超级大暖男，对谁都是一副"小姐，要不要和我去兜兜风"的贱样。蜡笔小新这么做是贱萌，他这么做只是猥琐。而他的女友，每天都为了这事儿跟他撕B。

比如，坐在咖啡厅，女友发现贱男正在和谁发短信搞暧昧，就一杯水泼过去。看男的那狼狈样，我们这帮朋友想笑又不敢笑，憋得很难过的，好吗？

比如，走在马路上，女友知道贱男又留了谁的手机号，当街扇男友一耳光，我们该假装没看见吗？

比如，有时候男的正上班呢，女友冲到我们办公室，大喊：贱人！你刚才在微博上新加的那个女人是谁？

我们都说这男的真够渣的，女友都快被他逼疯了。一个女同事不这么看，她说：这是你男人，你既然选了他，那么他的缺点你就该受着。你要是不想接受，不想忍耐，那就一脚踹了他。你既不分手，又不好好相处，你是恋爱啊，还是作死啊？

谈恋爱的时候，想清楚，你最爱他什么？

你爱他温柔体贴，你爱他长得帅，你爱他的钱……都行，与此同时，他其他的缺点，你能不能接受？能接受，就好好在一起，不要试图去改变他的缺点，**因为很多时候，优点和缺点是买一赠一的捆绑销售。**

一个顾家的男人，往往就没什么事业心，不会有多少钱。

一个成功人士，往往就难顾家，不一定是不想顾家，是真的没那么多时间。

想清楚自己要什么之后，其他附带的缺点，你就得一并接纳了。

我说过，很多时候我们因为优点跟一个人在一起，却要和对方的缺点相处一辈子。这就是婚姻。

当你讨厌你的另一半时，就问自己：你会因为他的这些缺点，和他离婚吗？不会？

那就接受啊。

比如，一个女性朋友一直跟我抱怨她老公每天下班回家就爱玩儿游戏，她每天为这事儿跟他吵架。我就问：因为他打游戏，所以你要和他离婚吗？

她用很惊讶的眼神看我：当然不会啊，他又没出轨……

我说：那就对了，既然你不会因为这个跟他离婚，你每天费劲和他吵架，除了让你们都不开心，还有啥好处？你试着多想想他别的优点，包容他这个缺点，你的婚姻质量就会好很多，至少你们的心情都会好起来。

过了一段时间，她来找我，真的很灵哎！她不再纠结于老公玩儿游戏这件事，不再钻牛角尖儿，多去想想老公有什么好的地方，两人的感情融洽多了。

对待工作也一样啊。

当你讨厌你的工作时，就问自己：你要辞职吗？

我不能理解，为什么很多人每天抱怨自己的工作，仿佛这个工作是坐牢、是受罪、是被虐，那你为什么不换一个工作呢？既然你所有同事都爱要心机，你的领导是个大傻×，你所做的工作毫无价值，你为什么不换一个？你不换，说明你只配做这种工作。要么好好想想为什么你没有换，它必然是还有它的优点，有你离不开的地方。那么，去发掘这份工作更多的优点，并且专心投入其中，实现自我增值。发现不了优点，就跳槽。你又不是签了卖身契，叽叽歪歪有什么用。

"我讨厌它，讨厌到要离开他（她／它）吗？"
这就是一个万能的句式。
能帮你解决很多问题。

不管是对待城市、对待爱情、对待工作……对待生活中的很多事，都可以用这个原则。
要么忍，要么滚。这才应该是生活中最好的态度。
还是那句话，这个世界上，所有事、所有人让你开心还是难过，都是你的价值观决定的。
换个思维方式，人生会开阔很多。

做你喜欢的工作，还是世俗意义上的好工作？

又到了大四学生开始找工作的时候了。最近，几乎每天都有粉丝问我，咪蒙，**到底该做我喜欢的工作，还是世俗意义上的好工作？**

对于中国家长来说，世界上唯一的正经工作，大概就是公务员吧。

我爸曾经也这么劝我。

当时高考填志愿，我不管报哪个院校，都只填了中文系。一张写满了中文系的志愿表，也是够变态的。当时最流行的是学经济，而像我这种账都算不清的傻×，学经济纯属自取其辱啊。关键是我不喜欢。从小到大我做任何事，首先考虑的都是我喜不喜欢，而不是有没有用。

我爸得知我想考中文系，用一种挽救失足青年的眼神看着我，说：你告诉我，学中文有什么用？

我用一种挽救失足老年的眼神看着他，回：那你告诉我，你成天打麻将赌博有什么用？

我如愿以偿地念了中文系。

有一天，我一边拉屎一边看报纸。《南方周末》上登了新年致辞：

总有一种力量让我们泪流满面……阳光打在你的脸上，温暖留在我们心里……

简直好燃啊。

我眼含热泪从厕所出来，同学问我：怎么了？你屁股痛啊？得痔疮了？

我说：我要进报社。我要去南方系。

我去了很多家报社实习，在广州《新快报》实习的时候，我和摄影记者去采访收容所，差点儿被打；揭露大学黑幕，采访校长时被他指着鼻子威胁，说我"太年轻，不知道世事险恶"，我照样写了批评报道。实习老师觉得我蛮有做这行的潜质的，把我推荐到《南方都市报》。

在《南方都市报》实习，印象最深刻的是，新闻部副主任王钧让我和她去参加一个政府会议。那真是一个无聊的会议啊，现场好多记者都睡着了。只有王钧一直在认真听，认真记笔记。只有她抓住了会上一句话带过的信息"广州居民用水价格可能会上调"。她追着有关部门采访了四个多小时，对方从不耐烦到大发飙，觉得《南都》多事。不管怎么样，稿子写成了。第二天，《南都》用头版头条写了水费即将上调的新闻。其他报纸的头条都是站在官方立场发布政府报告，只有《南都》站在市民这一方。

所谓敬业，就是要以虔诚的姿态对待你手里的每一件"小事儿"。

所谓媒体，就是永远要站在受众的立场。

这两种态度影响了很多年。

这是王钧教会我的。

前年10月，我在微博上看到消息：王钧43岁，得癌症去世。还记得实习的时候，她一直说自己身上好痛，但是没时间去医院。去医院一天，就会错过一条大新闻，她舍不得。

在《南都》12年，我学会了太多。南方系最好的一点，就在于致力于公民社会的价值观启蒙。有人说，启蒙是一种出走，是去引领大家看到一种别样的可能性。

我写文章、写书，现在写剧本，一直想做的，就是给大家提供一点儿别的可能性，让大家换一种角度，看待自己，看待别人，看待社会，看待这个世界。这就是我最喜欢的事儿。我从中可以获得价值感。

最近两年，我转行做剧本，坦白说，刚进这行，我也会动摇。

写剧本是我喜欢的事，因为我可以学着用影像的方式，去讲一种新鲜的价值观。但，我真的适合做这行吗？喜欢的事就一定能做好吗？万一我花了很多年，依然写不出一个好剧本，怎么办？

每当我纠结的时候，都是我身边的这帮人，带给我新的力量。

有个二次元迷迷糊糊的妹子，她叫茜半仙，被父母逼去英国学习国际贸易一年。还好，她英文不错，在英国，她灵活使用三个单词：this，this，and this。

她没有朋友。她人生中最重要的就是日剧、韩剧以及动漫。她想跟人聊《我们仍未知道那天所看见的花的名字》《我不受欢迎，怎么想都是你们的错》《我的脑内选项正在全力妨碍学园恋爱喜剧》……别人都觉得她有病。

我看到她在豆瓣的剧评，觉得这妹子很有才，发豆邮给她："要不要来我的团队实习啊？"她立即辍学回国了。

她说，她终于可以每天只聊电视剧了！终于有人听得懂她在说什么了！

我们的剧本写作是团队式的，每个人负责自己的角色，为你的角色设计戏剧桥段，这样才能保证每个角色都有自己的行为逻辑，每个角色都能出彩。

她每天都跟打了鸡血似的，在剧本讨论会上，为了维护自己的角色，跟其他人撕B。她一分钟也不敢缺席，因为只要离开一分钟，其他人就会偷偷给自己的角色加戏，而她的角色可能会受损。她经常憋尿，厕所都舍不得上。而且，没多久，她就成了撒谎精。

每次发烧，都装没事儿。我看她脸特别红，问她，你是不是不舒服？她说没事儿啊，我只是有点儿热。我看她都有点儿发抖了，强迫她回家休息。她说：不行不行，我只是有点儿感冒。我感冒必须传染给别人才能好，所以我不能回家！必须留在公司，才能传染别人。

还能比这更扯吗？

有一次开剧本讨论会，正说着话呢，茜半仙突然抽搐，脸不停地发抖，牙齿打战，手蜷缩起来，掰都掰不开。大家都吓坏了。我们手忙脚乱地送她去医院，挂急诊。

医生都吓到了，严厉地跟茜半仙说，你这是严重缺钾！再不来医院，你会心跳骤停，猝死！医生还说，你的钾含量太低了，一般人低到这个程度，路都走不动了，你居然还上班！你们什么单位，你们老板是不是人哪？！

其他人转过头看我。

我心虚地说：我们老板不在，他，他确实禽兽不如。

我吓坏了，骂茜半仙下次生病千万别装没事儿了。

结果，刚打上吊针，她缓过来了，不抽搐了，立马来劲了，欢快地说，反正大家都在，不如我们接着开会吧！

我怒了：你娃想当现代焦裕禄啊！你不考虑自己，也要考虑我，你真出了事儿，老子会被判刑的！

她伸出一根手指：那我们只讨论一小会儿？

是不是很变态？

是的。

其实以前我挺歧视勤奋的。我觉得勤奋的都是傻×。但是，做了这行，遇到这种看起来很逗B，其实很正能量的人，内心真的很受触动。**当我们做自己喜欢的事的时候，是忍不住要勤奋的啊。**

我要讲的另一个人，叫李野。

他身高一米八六，身材魁梧，长得特凶，一瞪眼大家都害怕。他曾经是混黑社会的，业余爱好是写小说。大学毕业，父母强迫他走正道，安排他去银行上班。于是，他被称为服务业的噩梦。他每天走进银行，那眼神，那姿态，不像要去上班，倒像要去打劫。别人来存钱，一看他的样子，钱都不敢取了，只想回家。他连续好几天把顾客吓到。据说他旁边的银行生意越来越好。

经理让他微笑服务，他微笑服务之后，银行就彻底没人了。一个长得凶的人硬要装和善，更可怕啊。那个时候他特别痛苦，当然他的经理更痛苦。他每天都想找时间偷偷写小说，但是没法写啊，经理成天跟盯着贼一样监视着他。

他决定老子不干了。他想当编剧。他给我们团队投了简历。

我面试他的时候，问他的第一个问题就是：呃，如果不录取你，你会拿枪崩了我吗？

他说，不会。

于是我录取了他。

谁敢保证他说的是真话啊。

我们团队的一大特质就是欺善怕恶。李野来了之后，大家都很怕他，每次讨论剧本，只要他提任何建议，大家都鼓掌鼓掌，说：好棒啊好棒啊！慢慢地，大家发现，他的眼神越来越柔和了，他的语气越来越温柔了。有一天，大家发现，这个一米八六的大汉，居然在看《元气少女缘结神》！

妈呀，他根本不可怕好吗？于是剧本讨论会上他再提什么建议，我们只要觉得不好，就会直接说：什么玩意儿！滚！

有一次公司要拍一个短剧的片头，需要有人上身穿西装，下身穿内裤，出去跑步……

我说，李野，你来吧。

他愣了下，说：哦，好。

拍摄的时候，一路上都有人盯着他嘲笑。在世界之窗，一个大妈看着他的奇装异服，感叹：如今的社会怎么了？

他一扭头，凶狠地一瞪，怎么了？你说怎么了？

我怕他生气去砍人，问他：你没事儿吧。

他温和地笑笑：没事儿。

公司拍短剧，他演秃头、演娘炮、演人妖，啥都演过。

如果剧本写得不好，我想怎么骂就怎么骂。

他还道歉说，对不起。

说好的黑社会呢？说好的逮谁灭谁呢？

他说，以前一直想写小说，想拍电影，他的梦想是要拍出《低俗小说》《达拉斯买家俱乐部》那种很酷炫的片子。在银行的时候，做着自己觉得很无趣的事，他对世界越来越有敌意，简直有点儿愤世嫉俗了。当他终于可以每天写剧本、做喜欢的事时，他说，自己血液流动的速度都快多了。**在这种很燃很热血的状态下，其他事都算个屁。被骂算什么？丢脸算什么？**

有时候，为了写好剧本，我也需要去求圈内的大神指点，我也需要低声下气，我也觉得有点儿丢脸。但是，想想李野这个曾经的黑社会，站在街头只穿内裤的样子，我突然有了丢脸的勇气。

接下来要说的是一个超级大抠B，他叫许超。他以前是一家杂志社的副主编，听上去很高大上吧，其实本人就是一——毛——不——拔——的矮矬穷！

他住在城中村，下班回家，天气超热，同事邀他一起喝糖水。他一看一杯糖水三块钱，这么贵，当场扭头走人。有一次他发烧，烧了三天，舍不得去医院，后来终于好了，大家问怎么好的，他说，老子买了药！花了两块钱哪！他人生中最奢侈的一次，就是有急事儿，咬牙打一次摩的，花了七块钱巨款。他的头发永远都是自己剪的，我们跟他说街头剪头发很便宜哎，才五块钱。他说，什么？剪次头发五块钱，简直是打劫！

这样一个极品抠B，有一次公司要拍短剧，需要买一个道具。淘宝上这个道具有两种价位，一种15块，一种750块。公司预算有限，买了15块的，妈蛋，太简陋了，我们看了实物，简直丑哭了。怎么办？
许超说，买750块的吧！我来出这个钱。
我们都惊呆了：你疯了吗？
许超很奇怪：怎么了？我只是不想看到自己喜欢的短片被拍成一坨屎啊。

很多时候我们不是真的抠门儿，而是只愿意为自己真正喜欢的事儿花钱。为了喜欢的事儿，我们可能会突破原则，突破底线。

所谓热爱，就是破例啊。

还有个很乖巧的女孩，叫小颖。她以前做的是最正常的工作。

每天早上乘地铁的时候，地铁上的人都死气沉沉的，好像已经劳累了一整天的感觉。每次她都会问：为什么要每天痛苦地坐地铁，做一天痛苦的工作？她也考虑过梦想这件事儿，觉得"梦想"这个词离自己很遥远，那是有钱孩子才能追寻的吧？但是，她实在受不了公司的氛围，那种每个人都偷工减料、投机取巧的氛围，她每天做的事儿也毫无价值。她跟上司说好了，自己要辞职。上司让她多待一个月，做好交接。

终于熬到辞职前最后一个星期，男朋友很贴心，给她买了一排养乐多，说，一共五个，每天一个，喝完了，你就可以解脱了。她很开心，期待着周五下班那一刻。终于到周五下午，深吸一口气，喝完第五瓶养乐多，结果上司说，拜托你，能不能再多上一天班？她当场就忍不住哭了，为什么五瓶养乐多喝完了，还要再上一天班？她来了我们团队，再也不哭了。

她迅速变成每天都想加班的变态。有一次我让她早点儿回家，不用加班了。第二天，她过来找我：老板，是不是我最近表现不好，不配加班了？她还莫名其妙地成了我的监工。

每一次我想偷懒，都会被她抓到。

她总是恨铁不成钢地训斥我：老板哪，你能不能勤奋点儿？

说好的乖巧呢？嗯？

跟他们小组开会，都夜里1点了，想到第二天9点还要上班，我就说，要不我们差不多了，今天就到这里吧？

她瞪了我一眼，说：再讨论一个小时吧。你要着急你先回家呗。

她眼神那么严厉，我哪敢回家啊。

弱弱地问一下，到底谁才是老板哪？

是的，这就是我每天经历的一切。

我们团队，因为工作强度太大，有个男生累到连续晕倒两次，还跟我说，挺好的，体验了一下晕倒是什么感觉，下次写剧本写到晕倒戏，就更真实了。

因为担心大家的身体，我强制性地不允许大家周末加班，每周怎么也得休息一天。然后公司阿姨告诉我，又有人周末偷偷来加班了，她把名字都记下来了。

为了节省时间，很多员工都睡在公司里，害得我都不好意思回家了，只好也住在办公室。

以至于我的很多朋友都说：咪蒙，你变了，你以前不是号称要"用生命在鬼混"吗？你娃怎么越来越勤奋、越来越励志了？奶奶的，你以为我想啊？还不是被员工逼的。

不是我的团队有多好、有多棒，而是因为**当你做喜欢的工作的时候，会激发出你人性中最美好的一面。**

你愿意超越功利。

你愿意不计较得失。

你愿意付出一切。

他们不是在捍卫这个公司、这个团队，而是在捍卫自己喜欢的事儿。

所以，不管任何时候问我，做喜欢的工作，还是世俗意义上的好工作？我都会选前者。

做你喜欢的工作，我不能保证你成功，但我能保证你快乐。

这种快乐，来自你全身心投入，每天都在进步的满足感。

有人说，选一个爱人，

决定了你每天上床睡觉前的环境。

选一份事业，

决定了你睁开眼每分每秒的心境。

人生超过1/3的有效时间都会花在工作上，那么，何必要让这1/3的人生都处于痛苦中？做一份所谓的安稳的工作，你可以清晰地看到未来，知道50年后的自己是什么样子。做你喜欢的工作，你反而看不到清晰的未来，因为你不知道自己以后会是什么样子，你充满了各种可能性。

还有什么比活在对未知的期待中更酷的呢？

不知道自己喜欢什么工作，怎么办？

很多人说，我不知道自己喜欢什么工作，该怎么办？这种茫然，很可能才是大多数人的状态。

因为我们中国的教育，不会教你寻找你自己，成为你自己。当你把所有的时间拿来应付考试，当你稀里糊涂听父母的意见填了高考志愿，当你浑浑噩噩读完大学要找工作了，甚至当你随波逐流找了个工作干了好几年……哐当！某一天，你猛然发现，你不知道自己喜欢什么。你羡慕那些从小就知道自己要什么和不要什么的人。

到底要怎么才能知道你喜欢做什么呢？

首先，你的时间花在哪里，是看得见的。也许你不喜欢你的专业，你不喜欢你的工作，但你一定有喜欢做的事。那就是学习和工作之外，你愿意将大把时间浪费在上面的事儿。

比如你喜欢玩儿游戏。

比如你喜欢逛街买买买。

比如你喜欢追星。

比如你喜欢看电视。

你一定会问，这不是我业余时间的兴趣爱好吗？这跟我喜欢做什么工作，有什么关系？

你不知道自己喜欢做什么，很可能就是因为你对工作的理解太狭隘了。很多你认为是消遣、娱乐的事儿，都可以通过你的努力，变成一份很酷的工作。

比如我家罗同学的圈子就是游戏圈，很多男生从小就喜欢打游戏。我家罗同学当初进报社，就是因为这份报纸有游戏版。他的朋友，很多都在游戏媒体或者游戏公司工作。有个男生，从小成绩烂到家，每天都是被他老妈揪着耳朵从游戏厅抓出来的。后来他考了个野鸡大学，勉强混毕业了。然后又混了几年，当上了游戏解说。然后就红了，一个月赚20多万。

比如我认识的一个女生，从小就爱逛街，就爱买买买。她把所有时间都花在看时尚杂志上了。现在她的淘宝店人气很不错，据说双十一那天，她家营业额好几百万呢。一天几百万哦，我去。

比如我还认识三个女生，从小都爱追星，人生目标就是不管怎么样，也要进入娱乐圈。周围人都觉得她们疯了，能做点儿靠谱的事吗？那是正常的工作吗？其中一个女生，念了社科院经济学硕士，找了电视剧广告植入的工作。她每天可以在片场盯广告植入，可以近距离地观摩她热爱的明星。因为真心热爱并且珍惜这份工作，她成了广告植入圈最专业的人。目前她已经在做影视投资了，可以接触更高端的娱乐圈。是不是很爽？

另一个女生，1994年出生的大美妞，梦想是嫁给李易峰。她就想写出一个好剧本，能跟李易峰合作。她真的很拼很努力，现在是我们公司超有潜质的编剧。她要用最正当的方式、最体面的姿态，站在李易峰面前。

第三个女生，从小就梦想要当经纪人。周围所有人都觉得这个梦想傻×透了，并且难度极大，根本不可能实现嘛。她被嘲笑过很多次，她也哭过很多次。后来她就当了我的助理。她才22岁，就比好多资深经纪人还要恐怖好吗？她成天威胁我，稿子写不好就别想去吃饭。

所以呢，看上去再不靠谱的爱好，只要你愿意为之努力，它都可以成为你将来的职业发展方向。

又有人会说，这只是我的兴趣，不适合当成职业吧？"不要把兴趣当成你的职业，这样会毁了你的兴趣"，这就是我最讨厌的话之一，瞎扯淡，耽误了几代中国人。如果把兴趣当作职业，就会毁了你的兴趣，唯一能说明的是，这不是你的兴趣，这只是你一时的心血来潮。

你需要认真思考的是，这真的是你的兴趣吗？

你对它足够热爱吗？

你愿意为之付出一切，去学习、去努力、去创造吗？

我以前当记者的时候，采访过太多牛×的人，最深刻的感触就是，在每个领域做到顶尖水准的人，一定是以兴趣为职业的。把你感兴趣的事做到最好，这样你才能在某个领域做到最极致、最牛×。别无他选。

有人会说，我认真思考了，我业余时间真的没有特别明显的倾向性。看电影也行，看书也行，看电视也可以。没有强烈的爱憎，没有强烈的兴趣，我该怎么办？

这种人生活中我也认识，都是属于性情温和宽容的好人。跟我这种从小就爱憎分明、从小就偏执的人，是两种人。我建议他们要多去体验，多去试错，用排除法，找到自己的兴趣。不要害怕失败，不要害怕出错。廖一梅就说过，从来不屑于做对的事情，在我年轻的时候，有勇气的时候，我这种以"试错"的方式来确定的人生，丰富多彩。我们公司另一个女编剧，就是喜欢陈伟霆的那个超级大学霸。以前她没有特别的爱好，到了找工作的时候，不知道自己想要做什么。于是，她开始尝试很多事。她试过在报社当实习记者，她试过去网站当编辑，她试过在全球500强大公司当总裁助理。她发现自己可以认真负责地做好，但是并不会发自内心去热爱它。虽然看上去她浪费了很多时间，但这是一种排除法，即使她没有找到喜欢的，至少排除了她不喜欢的。

然后一个很偶然的机会，她看到我们公司在招聘编剧，当时要求交一个故事大纲。这是她还没有试过的领域，她不知道自己喜不喜欢。她花了三天时间，写了个故事大纲。她交上来的是我看过的最有灵气的故事大纲之一。然后她加入了我们的团队，她发现自己这才找到了真正喜欢的工作。她以前的目标是要朝九晚五，要把工作和生活分开。现在我们是朝九晚一，天天变态式的加班，她比谁都来劲。
现在她是我们团队最牛×的编剧。

很多时候我都后怕，如果当时她没有一时冲动交了那份故事大纲，那么她就错过了自己真正热爱的工作。可是，**如果你愿意不厌其烦地去试错，那么，总有一天，你会和自己喜欢的事相遇。那种感觉会非常非常幸福，就像"浩劫余生，漂洋过海，终见陆地"一样。**

我发现，还有一种情况是，很多人不是对自己的专业不喜欢，对自己的工作不喜欢，而纯粹是懒。

专栏作者杨奇函就写过一篇文章《成功跟专业无关》，讲了这种现象。他说："很多人不是对专业本身不喜欢，只是不喜欢学习过程中由于智力精力耐力等方面的不足导致的挫败。没有什么比挫败感更能激发厌恶感了。我们很多时候把挫败感等同于厌恶感。让原本无辜的专业为我们的负面情绪埋单。不喜欢所以我不学，不学所以我学不好。去你×的。"

其实，从正面来说，你把当下的事做好，你擅长的事，你就会越来越喜欢。我们不是都这样吗？擅长什么就会喜欢什么。就像小时候你哪科成绩好，就会喜欢哪科。难道我们会因为数学只考了8分，从此热爱数学吗？我们有病吗？所以，与其花很多时间去东想西想，挑挑拣拣，不如把你手头的事用尽全力做好，看看你的上限在哪儿。

伊坂幸太郎说过，你知道人类最大的武器是什么吗？是豁出去的决心。

不管你是要去寻找自己的兴趣，确认自己的梦想，也不管你是要下决心做好手头的事，或者去创业，你都要记住，今天就是你余生的第一天。

嫉妒使人进步

有人问我，咪蒙啊，好可怕，有一个人，我好嫉妒他，我该怎么办？

能怎么办？毕竟国内又不能合法买枪。

心灵鸡汤会告诉你，你要克服你的嫉妒。

你要内心平静。

你要怀有对生活的感恩。

你不要跟别人比，你要跟自己比。

瞎扯。

这事儿我有发言权。我活了18年，也嫉妒过好几个人。我来告诉你们，不要试图消灭你的嫉妒心。没什么用。

我的方法是，**如果你嫉妒谁，就坦然地嫉妒他呗**。首先，我们都不是孔子。既然不是圣人，就要接受凡人的设定。嫉妒是每个凡人人性的一部分。其次，嫉妒是负面情绪，但是，学会接受和管理自己的负面情绪，才是成长啊。**再次，嫉妒包含着一种认可、一种赞美，不是谁都配被我嫉妒的，好吗？**

嫉妒心其实就是好胜心。冬天的早上，起不来床的时候，晚上熬夜看书，眼皮都睁不开的时候，支撑我们咬牙坚持的，往往是我们的嫉妒、贪婪和不甘，不然呢？难道是善意和爱？

我们为什么嫉妒呢？我们缺什么就会嫉妒什么。但为什么羡慕和嫉妒都跟我们缺什么有关，结果却完全不同呢？羡慕是你承认别人很牛×。

嫉妒是你不承认别人很牛×。

常见的嫉妒不都是这样吗？

跟苍蝇似的，嗡嗡嗡地在背后说别人的坏话。分析别人的缺点，放大别人的缺点，甚至虚构别人的缺点。然后开始添油加醋，迅速上升到人身攻击的层面。再附上一些幼儿园式的情绪发泄：他凭什么啊，他也不过如此啊，他也没那么厉害啊。

是的，他可能没有多厉害。

但肯定比你厉害。

不然你嫉妒个毛啊。你嫉妒比你差劲的，你有病啊。你嫉妒他就说明，他一定有比你强的地方。他可能不是全方位都比你强，但至少在你当下最在意的那个领域，他比你强。

那么，你该干吗？

你该分析他为什么比你强，分析他的过人之处，然后学习他，然后超越他。

他根本没什么，不就是长得好看吗？那你就滚去变得更好看。

他根本没什么，不就是勤奋点儿吗？那你就滚去变得更勤奋。

他根本没什么，不就是运气好吗？那你就好好努力，把握机遇。**因为所谓运气，不就是机会恰好撞上了你的努力吗？**

其实呢，我的嫉妒史，也就是我的上进史。每当嫉妒别人的时候，都是我进步最大的时候。因为我在嫉妒，就说明我有斗志啊。

读研究生的时候，同宿舍有个女生本来跟我一样是胖子。我们常常交流胖子的烦恼以及糗事，展开互相羞辱或者自黑。超级爽的好吗？然后有一天，她背叛我，偷偷利用一个暑假，减肥成功了。她一个暑假只吃三样东西：香蕉、黄瓜和番茄。

然后，她就变成了一个瘦子。

然后，她的人生就开挂了啊。

然后，我就看她不爽了啊。

你发现了没，一般我们只会嫉妒跟自己差不多的同类。罗素大爷说过，乞丐并不会妒忌百万富翁，但是他会妒忌混得更好的乞丐。好朋友的成功，往往会让我们更难过。因为我们起点一样啊。他的成功，会更加凸显我们人生的失败。本来嘛，大家要丑一起丑。她这一瘦，变成了美妞儿。整个宿舍就剩我一人，孤零零的，拉低了所有人的颜值。那种彻骨的疼痛，你们懂吗？

我本来准备大干一场，好好嫉妒她的。我总得多搜集点儿她讨厌的证据吧。在搜集的过程中，我发现，她的意志力太强大了。为了维持减肥的成果，我就没见她好好吃过一顿饭。哪怕是考GRE的过程中，她都坚持每顿只吃几口。不吃主食，不吃零食，不喝任何饮料。以前她跟我一样，是不可救药的垃圾食品爱好者啊。

观察得多了，我都被感染了，我也开始减肥。我用"早饭多吃、午饭少吃、晚饭不吃"的方法，一个月减了20斤。这之后在学校的一年，就在她眼皮底下，每天受影响，我也一直保持少吃的习惯，一直瘦到80斤啊。（后来一毕业，我离开她了就开始胡吃海喝，又胖回去了，这些你们就假装不知道，好吗？）那是我最成功的一次减肥。

动力就是来自嫉妒。

最正确的嫉妒方式，就是观察他、学习他嘛。

所以我说，嫉妒使人进步呀。

三个多月前，刚开公众号的时候，我真的很嫉妒另一个公众号作者。凭什么她每篇都有10多万阅读量啊？凭什么她每一篇文章发出来，评论都是一片歌颂啊？她写的也并不比我好啊。

为毛我的没人看哪？我不爽，我不服，我不甘。但是，我听说她在医院打吊针都在写文章，去日本出差都在飞机上写文章之后，我就乖乖闭嘴了。

因为我刚开公众号那几天，我是以拖延狂魔自居的，我打算有一搭没一搭地更新着。只要关注我，我的回复就是：下一次更新，可能是下周，可能是下辈子。以这种态度，还想要好的结果？这叫贪心啊。

得知了我嫉妒的人这么变态、这么拼，

我的斗志爆表好吗？

我再也没脸拖延了好吗？

那段时间是国庆节期间，放大假啊，但我一天都没休息，每天吭哧吭哧地写文章。当时大部分公众号都在偷懒，都随便发点儿啥，只有几个公众号在努力写。所以不错的文章很容易被看见。

当时我的努力就被大家看见了，我有了几篇几十万阅读量的文章，又有了第一篇100万阅读量的文章，才慢慢积累了读者。更重要的是，因为嫉妒她，我学到了最正确的"公号狗"的态度，那就是乖乖地、老实巴交地写文章！现在，**我再也不嫉妒她了，因为我已经超越她了。然后我就重新出发，欢快地去嫉妒下一个人了。**

我嫉妒得比较久的人是张嘉佳。以前我不认识他，我一个朋友认识。几年前，我朋友跟我说，咪蒙，我一校友，叫张嘉佳，跟你一样，写些乱七八糟的文章，有点儿小才情、小趣味以及小猥琐。反正我就当这是夸我了，从那时候开始，我就下意识地把张嘉佳列为跟我同类了。然后，他就在微博上写故事，彻底红了。最让我忍无可忍的是，他和王家卫这种电影圈的大神合作了。他每天拍梁朝伟啊，拍金城武啊，每天可以24小时正大光明地360度观摩梁朝伟和金城武，还可以给他们讲戏，还可以摸他们。我嫉妒死了啊。

我那个朋友，还很不识趣地隔三岔五跟我讲张嘉佳的牛×事迹。

我说：听着，以后关于张嘉佳的坏消息才告诉我，好消息就算了。

然后，我就再也没听到张嘉佳的消息了。

后来我认识了张嘉佳。他真的是个很温和、很善良又很有趣的好人，烦死我了。我去参加了他新公司的发布会，好大的排场，越来越牛了。我感觉自己越来越不配嫉妒他了。（醒醒啊大婶，你以前就不配，从来也没配过好吗？）我得换一个人嫉妒了。毕竟我的目标是要写一个好剧本，跟胡歌合作。没有人可嫉妒，我怎么进步呢？

最后我想说的是，一定有人会问，如果你被嫉妒怎么办呢？

第一，真诚地对待别人，不要有任何优越感，不要觉得自己很牛，看不起别人。你是不是真诚，别人是能感受到的。

第二，把自己变得更强大，远远地超越其他人，让他们够不着。他们就不再嫉妒你了，只会羡慕你了。

能在职场耍帅的女人才酷炫

你知道北京的望京SOHO、上海的凌空SOHO是谁设计的吗？建筑界女魔头：扎哈。

扎哈姊儿生于伊拉克，大学就读于特牛×的伦敦建筑联盟学院。她是个长期月经不调的老女人，脾气极度暴躁。无数人说她的设计太自我，不考虑和周围环境保持和谐。扎哈姊儿对此不屑一顾："要是我旁边有一坨屎，我是不是也该模仿它，和它保持和谐？"

某天扎哈姊儿一高兴，就设计了一双鞋子。此后她一不高兴，就穿上这双鞋子。然后她周围的人就吓尿了，这代表扎哈姊儿随时都要发飙。她凭什么这么牛？因为人家活儿好。

我崇拜一切在职场领域活儿好的人。早年她在英国每年至少拿四个设计大奖，但是她的方案一个都过不了，因为实在太特立独行了。直到她干了两件事，2000年左右，设计了宝马中心和罗马21世纪国家艺术博物馆（MAXXI），证明了自己的实力。2004年，拿了建筑界最高大奖——普利兹克奖。她是第一个拿到这个奖项的女性。扎哈姊儿就像安·兰德《源泉》里男主角的真人版，绝对不向世俗妥协。

当你牛×到一定程度，你就不需要融入任何环境，迁就任何世俗。
让环境来融入你。
让世俗来迁就你。

《穿普拉达的女王》的原型，Vogue（意为"时尚"）杂志主编温图尔，
是时尚界权力最大的总攻。摆着一张永恒的扑克脸，意思就是"全人
类都只配跪舔我"。

据说，他们公司的实习生和她说话，不许看她眼睛。任何下属都不能
和她坐同一部电梯。

天知道我这种跪舔员工的包子老板，有多羡慕这么强大的气场。她牛
到什么程度？即使她任性到要求全球四大时装周改期，人家也得改。

这事儿她还真的干过。2008年，她就要求米兰时装周修改日程，理由
仅仅是她想回家。

她凭什么这么牛？

1988年，她在Vogue势头开始下滑、被竞争对手挤对的时候上任，一
手把Vogue杂志做到全球时尚杂志影响力第一。

她绝不服从任何潮流规则。她就是潮流本身。

她要让任何一线名人以上他们杂志为荣，而不是相反。

她把抖S（施虐）风格发挥到极致。

希拉里要上他们杂志封面，她让希拉里脱掉标志性的深色西装。你上
我的杂志，就得按我的审美来。

媒体女王奥普拉要拍Vogue封面，温图尔说可以啊，你先去减肥，减
掉20斤再说。于是奥普拉乖乖地去减了。

绝不让步。

绝不媚俗。

生活中，她留着万年不变的丑发型，连续20年穿着同一双鞋。永远爱穿皮草，永远把动物保护协会气哭。

当你在专业上牛×到一定程度，你就拥有了强大气场。你就可以修改审美规则，你就可以重新定义时尚。

这么牛的女人，简直就是我的反义词啊。

说点儿离我们生活更近的例子。

这是我昨天刚听说的故事。一个女生，在内地工作了几年后，去了香港一家投行。她不懂粤语，没有留洋背景，香港本地同事不跟她玩儿。

据说在香港职场，鄙视链是这样的：美国人>香港人>内地人。（写到这里突然很生气。）她就在鄙视链的最低端。

当时是房地产的低潮期，大家都认为房价还会暴跌，包括高盛这种级别的投行给出的报告都是这种看法。但是她根据大量的数据分析，以及她在香港一栋栋扫楼、一户户地看，做出一份专业报告，认为香港房价已经跌到谷底，将有大幅反弹。同事们都认为她的报告很棒一如果当成一个笑话来看的话。

面对质疑，当时她有两种选择。

要么用时间来证明她的观点。

要么用钱来证明。

她选择了第二种。她马上卖掉内地的房子做首付，买下了铜锣湾的一套房。她买房后的第二周，香港房价开始暴涨。这件事之后，她在公司的地位都不一样了。此后只要涉及房地产金融领域的事务，同事们就达成了默契，不再跟她抬杠。因为一个敢用真金白银来证明自己观点的女人，气场够强大啊。当然，首先，你要有钱。

我的一个朋友，27岁的时候，就从一个跨国集团总部空降到华南区担任销售总监。当时华南区副总监不爽到了极点，因为所有人都认为总监这个职位，他志在必得，没想到被这个来历不明的女人给抢了。他联合所有下属和同事来排挤我朋友。

我当时听说这事，high了，原来这就是传说中的职场政治啊。我叮嘱她，快点儿每天给我直播你的撕B过程！

我朋友花了三天时间观察，然后下班之后，约了副总监去聊天。

她一句废话都懒得说，直接给对方两个选择。

第一，你来当总监，我当副总监。但是我来之前就做出了承诺，三个月销售业绩提高20%，你达不到这个成绩的话，必须走人。

第二，你配合我好好干，我在职场这几年，历来纪录都是半年内我就会升职，这个你可以去调查一下。我升职了，到时候总监这个职位还是你的。

她补充了两句话：我能空降到这里，必然有我的招数。与其花时间对付我，还不如看看我到底有什么过人之处。

副总监回家考虑了一晚上，第二天告诉我朋友，他选择第二种。朋友跟我说，她没有时间去搞什么职场政治，她习惯了用最高效的方式去面对问题，解决问题。

妈蛋，好无聊。说好的钩心斗角、尔虞我诈呢？但是必须说，**当你到了一定的位置就会发现：你的钱不值钱，你的时间最值钱。我见过在职场上越酷炫的女人，就越是直接、果断、高效。绝对没有什么彷徨啊，纠结啊，更没有什么选择困难症。**

哭个屁啊，你付出过一万小时的努力吗？

你为自己的无能哭过吗？

我有。

去年6月，我的团队做的网络剧上线，虽然点击率不低，单集也有几百万，但我在微博上被骂惨了。我的部分粉丝很失望，他们说，咪蒙，我们以为你做电视剧，会拍出《我可能不会爱你》那种高端偶像剧，你怎么会拍这么low的小视频，还拍得这么烂啊。

如果这是我们团队随随便便做的倒还好了，关键是我们真的很努力。我们每天以富士康式的工作强度，玩命似的付出，成功地做出了一些不成功的作品。

这才是比悲伤更悲伤的事吧。

那一天，我哭得很惨。

我对自己很绝望。

我怀疑自己在影视领域没有天分。

我的技术配不上我的审美。

直到我看了《一万小时天才理论》，我才发现，也许不是我没天分，而是我的努力远远不够。这本书的核心观点是：

要成为某个领域的专家，你需要至少付出一万小时的努力。如果每天工作8小时，每周工作5天，你至少需要5年时间的专业沉淀。

很多我们看起来牛×哄哄的天才，天赋异禀、横空出世的那种，背后都是扎扎实实的专业训练。

音乐神童莫扎特，听上去很有天才很牛吧，横空出世的那种，其实在他6岁生日之前，他身为音乐家的父亲已经指导他练习了3500个小时。到他21岁写出最脍炙人口的《第九号钢琴协奏曲》时，可想而知他已经练习了多少小时。

象棋神童博比·菲舍尔，17岁就奇迹般奠定了大师地位，但在这之前他也投入了10年时间的艰苦训练。

菲尔普斯，为了成为最牛×的运动员，他每天七八个小时泡在泳池里，每周7天，每年基本365天都在训练。枯燥单调的训练，潮湿压抑的空气，周而复始的动作和单一不变的场景——多无聊啊，然而他可以坚持下来。

知道有一万小时理论之后，我就再也没脸哭了。

你都没有付出相应的努力，有什么资格哭？！

在影视这个领域，我是个新人。那时候我才入行一两年，写剧本，拍网剧，全身心投入去学习的时间，最多也就两三千小时。比起那些在影视圈摸爬滚打几十年的人，我算个屁。《老炮儿》的编剧之前写了10年的剧本，600多万字，才有了这么成熟的作品。PAPI酱的短视频很火，那是因为她是中戏导演系的研究生啊，在这个领域她有过多年专业训练。

一想到这些，我的态度就无比端正了。在没有付出一万小时努力之前，我就不应该要求任何回报。

做得不好，被骂就是活该！

说句不要脸的话，为什么我在微信公众号这个领域可以迅速产生影响力？因为我在写作领域和媒体领域，都刻苦练习过几万个小时啊。

我在媒体待了12年，当记者和编辑，什么板块我都写过，娱乐、时政、家居、美食、教育、城市……

我写专栏也有10年了，什么题材也都写过，历史、亲子、爱情、剧评、影评……

我长期保持每周细读两本书的速度，去吸收，去积累……

所以在自媒体这个领域，我可以体现自己的专业性。然而即使是在这个领域，我也得付出不间断的努力，才能不断提高。

在《一万小时天才理论》中，有段话让我印象深刻：使超级明星的才能消失，最简单的方法是什么？答案是：一个月不让他们练习。

钢琴名家弗拉基米尔·霍洛维茨坚持练习弹琴直到80多岁，他说："如果我一天不练，自己就会意识到（退步）。如果两天不练，我妻子就会发觉（我的退步）。如果三天不练，全世界都知道了（我的退步）。"

是的，单就写作来说，也需要密集的训练。我一天不写就觉得手生了。刚开微信公众号那段时间，我写得特别痛苦，每天下笔之前要花好几小时来进入状态。现在因为每天都要写，我坐在电脑前的那一秒钟就可以直接开始打字了。

写作变成了我的习惯。

很多人以为写作是靠灵感。屁咧。

写作靠的也是勤奋。

国学大师季羡林就说过，勤奋出灵感。

缪斯女神发放灵感的原则很简单，谁勤奋，发给谁。

美国大作家斯蒂芬·金就是靠日复一日的练习，才成为大师的。一年之中，他只有三天不写作：生日、圣诞节、美国独立日。

他在没有什么可写的情况下，每天也会坚持写5000字当作练笔。这是他在刚开始写作时，一个老师教给他的。多年来，他一直坚持这样做，他一天不写就难受。"我早上八点一刻坐下，一直写到十二点差一刻，这段时间里，一切都真实自然。只需要用键盘敲出来。我估计能写1200到1500个词，6页书。"

所以要是你觉得你在哪个领域做得不够好，别废话，乖乖滚去练习！

有句话不是曾经很红嘛？你必须非常努力，才能看起来毫不费力。

别说很多专业领域了，就算美这件事，也是一种专业。

那些颜值高、身材好的人全靠天生吗？不是的，他们往往在美这件事上，付出了一万小时的努力。他们专注于如何减肥、如何美白、如何提臀、如何保养自己的脚后跟……而我这种丑B，很少花时间在变美和打扮这件事上，偶然心血来潮，也是当"伸手党"，比如我前段时间决定好好化妆好好护肤了，就跑去找身边的专业人士要清单。

就像我们公司1994年的大美妞儿，她每天仅有的一点儿业余时间都花在搜集时尚资讯上，她能做到任何时候你问她"能给我推荐点儿去角质的产品吗？"，她随手就能给你推荐10种以上的专业产品，并告诉你每一款的使用心得。

你的时间花在哪里，是看得见的。

我为什么不敢出镜？哪怕广告商力邀我代言，哪怕是《快乐大本营》《天天向上》《鲁豫有约》这种级别的节目邀请我去，我都不敢去。答案很简单，我长得丑啊。

我不是说过吗？我出新书，哭着喊着想去签售，出版社都阻止了，说，你签倒是签了，我们就卖不出去了啊。该卖100万册的，只能卖100册了啊。

我没有努力去让自己变美，就别指望享受美带来的好处。这个世界就是这么公平。

所以啊，不要再给自己什么"天分不够"的借口了。

没有付出过一万小时努力，就不足以谈人生。

所有看上去是天才的人，都少不了勤勉的练习。

所有的惊艳，都来自长久的准备。

所有看起来的幸运，都源自坚持不懈的努力。

我为什么辞掉稳定的工作?

"那种曾经的热血再也没有了。"

我曾经的工作,无论从任何角度看,都像是意淫:

每天工作半天就差不多了。

月入一两万。

有大把时间做自己喜欢的事儿。

部门领导特别开明特别萌。

同事们都很友善且没有任何办公室政治。

关键是,这份工作特别安逸,特别稳定,特别适合养老。

然后,两年前,我辞职了。

所以,结论是:我是个傻×。

这篇文章可以结束了。

我为什么要辞掉这么爽的工作？

第一个原因，那种曾经的热血再也没有了，我越来越找不到职业尊严了。我知道，在中国，谈职业尊严本身就是挺可笑的事。工作不就是为了赚点儿钱？尊严个毛啊，矫情。在一个稳定的单位，你越认真，越像一个笑话。你在乎工作，反而像个傻×。

我一直羞于承认，其实我是一个需要价值感的人。

而这种价值感在一天天被消解。

消解于当你认真地对待每一篇稿件、每一个版面，别人认为你"事儿"时；

消解于你做得好做得坏没人在乎，你所做的一切都像是一场长期的自我安慰时；

消解于你期待的每一次改变最后都变成了一场敷衍，纯粹是自己想太多时……

有一次，总部调了一个同事来，完全不专业，影响了整个团队的工作流程。我们向总部申请，能否对这个同事进行一些专业培训？申诉多次，半年之后，总部总算答应了，把他调走了。然后派了个更差的来。

总部，您真幽默。我感觉自己像活在一个段子里。

久而久之，我越来越像老油条了。

特别怀念自己刚入行那一两年，整个单位都是积极向上的状态，那时候的我：

为一篇稿子写不好，在办公室大哭；

为一个标题没取好，半夜懊恼到睡不着觉；

为一个版到底该怎么编，跟领导据理力争甚至不惜翻脸，傻兮兮的，多好。

到后来，稿子写不好、标题没取好、版没编好，我依然有点儿难过，依然有点儿内疚，但明显没那么在乎了。因为另一个自己会冒出来对自己洗脑：不就是一个工作嘛，算个屁呀。

对于一个时刻需要价值感的人来说，假装不在乎工作是一种很拧巴的状态。一方面，我享受着工作的舒适和放松；另一方面，我又质疑这种舒适和放松。

真正导致我辞职的是第二个原因：我学不到任何东西了。刚入行的时候，每一天都很惶恐，每一天都担心自己是个傻×，每一天都害怕自己做不好，那才真的是进步最大的时候。然而当自己度过了那两年，有了经验，成了熟练工，成了所谓的业务骨干，我在职业领域就开始游刃有余。

说句欠扁的话，我只需要付出1/10的功力，就能把工作做得很好了。我一度还为此沾沾自喜。现在才知道，我荒废了好多年。

当你发现你完全能胜任自己的工作的时候，你就该换个工作了。真的。

因为一旦你不焦虑了，你就不会再有进步了。你不需要学习任何新东西，你不需要解决任何新问题，你不需要面对任何新挑战，这种工作状态是很危险的。

马云就说，任何强大的公司都不会给员工安全感。**最不给员工安全感的公司，其实给了真正的安全感，因为逼出了他们的强大，逼出了他们的成长，也因此有了未来。**

迄今为止我最后悔的就是，没有早点儿辞职。

多年前，我的一个前同事辞职了，去了一个电商网站。

那时候我特别不理解，这么爽的工作，为什么要瞎折腾啊。

而且做的是跟媒体完全无关的内容，好奇怪啊。

几年后我再次见她，跟她聊天，对她必须要用敬佩来形容了。

她去电商网站的时候，由于那是个外企，要求全英语工作，她英语超级烂，用3个月的时间，每天苦练，搞定了英语。

后来她因为管理能力强，去了BAT（百度、阿里巴巴、腾讯的首字母缩写）其中一家，虽然她英语好了，但是不懂金融知识、互联网产品知识啊。那时候她超级崩溃，因为她连产品是啥东西都不知道，而公司过道里随便抓一个人出来都是超级牛×的产品经理。她每天吃饭时间缠着专业人士问东问西，花了3个月，突飞猛进。这带给她最好的学习习惯，迄今为止她每天都在进步，现在她已经是独当一面的leader（领导者）。

正因为当初她敢于放弃稳定的工作，她才得到了最大的进步，她的世界都变大了。

而我的一个粉丝（混熟后成了朋友），之前是在一个跨国IT企业工作，福利好，待遇佳。半年前他辞职了。

原因是，他已经看到自己40岁以后的生活了。

他的人生已经没有任何别的可能性。

他的未来已经没有未来了。

现在他去了一家创业公司，收入是以前的一半，每天都累成狗，每天压力都特别大，每时每刻都在接触新事物。一切都在逼你进步。你不进步，就随时会被淘汰。时隔6个月，他再见前同事，发现他们什么都没变，没有一点儿进步，然而他自己已经变了。

我现在也在创业公司。

虽然我特么已经开垮过一家公司了。

虽然我特么之前一年赔了400万。

虽然我特么绝对认同创业公司不是人待的，能待下去的都是自虐狂。但是，我必须要说，这比待在所谓稳定的单位要好很多倍。

因为在这里，每个人都很拼，每个人都是工作狂，每个人都是大变态。

因为在这里，每个人都为自己的工作负责，做不好简直觉得自己不配睡觉不配吃饭。

我终于又回到了为一句话写不好、一个标题取不好就睡不着觉、心如刀绞的状态。关键是这里有一种"我不是一个人在战斗"的幸福感。

妈的，这种感觉太爽了、太满足了，胜过冰淇淋，胜过特么的一切。

有句话我以前也说过，所谓铁饭碗，不是你在一家单位有饭吃，而是你足够牛×，在任何一家单位都有饭吃。所以，真的不要留恋所谓的稳定，留恋所谓的舒适区。如果你还不甘心，如果你还想做点儿什么，那就赶紧改变。有的事情现在不做，就一辈子也不会做了。

Chapter

你的美貌不
如你的热闹

他一定会陪在你身边。

在你最需要的时候，

很简单，他若爱你，

男人是否爱我呢？

怎么才能知道一个

很多孩儿总是问，

美貌是一种天赋，美貌更是一种勤奋

最近微信后台好多人问我：咪蒙，长得丑该怎么办？你们问我这种问题，考虑过我的感受吗？你们还不如直接说：咪蒙，作为一个丑B，该怎么坚强地活下去？你讲讲经验嘛。

我心情不好，拒绝回答。

丑B的心情我何尝不懂。

每次看网上那种"长得丑是什么体验"，答案完全就是我的自传。随手举几个例子：

装了八个美图软件，依然PS不好这张脸。

只要发张好看的自拍，评论全是"这不像你"。

偶尔打开摄像头，突然发现是自拍模式，吓一跳。

来搭讪的，都是想认识你的漂亮朋友。

唉！眼角怎么有点儿湿湿的呢。

对于有些人来说，丑只是影响了心情。而对于有些人来说，丑会影响前途和未来。

我来讲两个很伤感的故事。

在报社的时候，一个一流名校的女生来面试。她真的是我见过的最有才气的女生之一。文笔很棒，思路清晰，看过很多书，对任何事情都有自己的见解。但是，她太丑了。她真的是我见过的最丑的女生，没有之一。她的五官都按照审美的反面长的。眼睛小到忽略不计，鼻孔朝天，脸型是不规则多边形，颧骨很高很高，一口龅牙还参差不齐……老实说，打出这些字，我都有点儿不忍心。

当时我竭力为她争取，为她说好话。但是掌握决定权的面试官，最终还是没有录取她。因为她想要的职位是记者。记者需要出入各种场合去采访各种人，需要快速让对方对你有信任，告诉你猛料。面试官认为，她已经丑到会干扰对方的注意力，成为采访的极大障碍。就这样，她错失了靠近自己梦想的机会。

另一个故事是我的一个男生朋友，长得像是丑版八两金。八两金已经很丑了，他更胜一筹。他是商业天才，写的商业计划书，一投一个准。当时一个月之内，有三家风投公司找他，但是见了他本人之后，就没有下文了。

风投界有句很流行的话，投资商投的不是项目，是人。他痛定思痛，请了个帅哥朋友当合伙人，告诉他所有的商业理念，相当于是他的"脸替"吧。帅哥拿着他的商业计划书，一次就谈成了。

在商业的世界，也是看脸。

心理学研究显示，长得好看的人，就是能给别人更大的信任感。

如果你丑，你就会失去很多选择。这些选择可能会影响你一生。

有人会说，我能不能专心提高内在美，多看书，让自己有趣。是的，你需要。但是，你先要让别人愿意去了解你的内在。这个世界上，愿意了解一个丑B的内在的人，是不多的。陈丹青就说，最高意义上，一个人的相貌，就是他的人。你的长相至少不能低于平均水准。又有人会说，可是这样不公平啊！凭什么那些好看的人，运气那么好，什么都不用做，天生丽质，穿什么都美！一想到他们这么轻松这么爽，丑B们就有点儿愤世嫉俗。

我以前也是这么想的。青春期的时候，我就对这个世界充满了恶意。那是高中的时候，我和我的丑B朋友们最讨厌的，就是我们的班花。每次谈论起她，我们都非常愤慨。

"她凭什么，长得没多好看啊，皮肤那么惨白，吓死个人。"

"听说她每天还花半小时烫头发，好夸张啊。"

"搞不懂男生们到底喜欢她什么。"

经过长期的观察，我们惊喜地发现她还有好多外貌上的缺点，比如她腰长，比如她肩膀有点儿宽。

现在回想起来，**我们花了那么时间去嫉妒她，却没有想过，她所获得的很大程度上也是她的努力换来的。**

有一次化学实验课，她坐在我旁边，我递给她水果糖，她说谢谢，不用了。她说，初中的时候她迷上了大白兔奶糖，连续吃了一周，大腿胖了两圈，她吓坏了，从此戒掉甜食。可乐、蛋糕这些她绝对不碰，就连含糖高的水果比如西瓜和葡萄她都不吃。这么有毅力？我太震惊了，往嘴里又塞了一颗糖。

她应该是我见过最自律最勤奋的人吧。她是易胖体质，只要吃晚餐就会胖，所以她常年不吃晚餐。为了保持身材线条，她永远都在晚饭时间去练芭蕾。全校学生都在嬉笑打闹，她在舞蹈教室，静静地专注于跳舞，仿佛与世隔绝。

那时候我们骂她太清高了，简直是古墓派的，以为自己是小龙女啊。但是我们连少吃一顿饭都做不到。

当我们所有女生围在一起聊八卦的时候，她在看时尚杂志。她的身材确实不完美，但是她太会扬长避短了。她总是穿腰线高的短裙，突出自己的两条细白长腿。她把头发里面烫蓬松，这样头发披散下来，显得很柔媚，大家就不会注意到她肩有多宽了。那时候我们骂她太阴险，太会遮蔽自己的缺点，却没想到自己也可以啊，为什么要展露着大粗腿、顶着大胖脸，还指望有人喜欢？**为什么一点儿努力都不肯付出，还奢望得到？**

我有个前同事，超级大美女，胸大腰细。她的朋友圈，永远晒的都是她在健身、跑步、练瑜伽。每天微信运动排名，她都在前五名。

她的手机打开，全是跟美容、健身、打扮有关的App。

为了皮肤保湿，她可以每天睡前往脸上轻拍化妆水，连拍半小时。

为了控制饮食，她可以每天晚餐都只吃酸奶加黄瓜，或者酸奶加西红柿。

为了避免长小肚子，她每天午餐后都会靠墙站半小时。

这些说起来都很容易，你去试试看？能坚持下来一周的，都算是意志力强大了。有一次她说要去打瘦脸针，我们都惊呆了，说：你都享受了那么多美貌的好处了，干吗还要这么追求完美啊？她说：正因为我享受了很多美貌的好处，才希望变得更美啊。

我们常常以为，那些美女只是运气好，得到老天爷的偏爱，其实不是。

美貌不仅仅是一种天赋，美貌更是一种勤奋。

如果一个美女跟你说，她从不减肥从不护肤从不注意饮食，要么她太年轻，要么她就在装B。20岁之前，你丑，还可以怪父母；20岁之后，你丑，你活该！

因为，大部分情况下，你丑是因为你懒。

美女们都这么努力了，丑B们有什么资格偷懒！

赶紧去做个面膜，下楼跑两圈啊！

你不能就这么认屁了，不能就这么甘当一个丑B！

这个世界上，总有人好看，总有人越来越好看，为什么不能是你？

你的美貌不如你的热闹

作为双胞胎姐妹，我认识的这一对，她们的最大特点就是：丑。每次别人提到她们，都没法昧着良心使用"姐妹花"这种常用说法。有个摄影师，嘴蛮毒的，认识姐姐的时候，看她高壮、肥硕，得知她还有个双胞胎妹妹，给出了四个字的评价：祸不单行。

然后呢？

这个摄影师爱上了姐姐，迄今为止，结婚八年，对老婆死心塌地。他常常在微博、微信上发他给老婆拍的照片，每一张都充满了爱意。他说，他老婆颠覆了他的审美。他越来越觉得，她老婆才是美的范本，有种油画般的大气之美。

偷偷说，是鲁本斯的油画吗？众所周知，鲁本斯就爱画大屁股和象腿。

比起姐姐婚姻美满，妹妹则离过两次婚，不是被家暴，就是被劈腿。

最诡异的是，连她父母都觉得是她的错，都心疼两任女婿。妹妹做了什么伤天害理的事儿吗？没有，她只不过是生活中的差评师，是持之以恒的负能量女王。她最擅长从真善美中找出假恶丑。任何日常小事，她都能找到槽点。

只讲两件事。

第一件是关于开车的。

姐姐的摄影师老公是个路痴，每次开车，都处于混沌状态，去过100遍的地方都不记得，常常被迫绕道。姐姐永远一副无所谓的样子，说，你慢慢开，我最喜欢坐车了。然后，她就在车上愉快地跟其他人聊天，讲各种八卦，就算没有旁人，她自己看路边的树，都能看得特开心，给老公讲点儿段子，比如"有个人的老爸很迷信，觉得他五行缺木，所以强迫他认一棵树当干爹"。有一次，他们开车去广州长隆动物园玩儿，晚饭朋友订的地方，在天河区，一小时不到的车程，她老公开了三个多小时，直接开到农村去了。姐姐还特高兴：赚到了哎，顺便郊游了一次，好久都没看到牛了！

而妹妹的前夫，那时候还是她老公，也是个路痴，同样是绕路，他就比较悲惨了。妹妹可以从出发开始骂，一直骂到抵达目的地："白痴！刚才明明该下高速！你瞎的啊，没看到单行道标志吗？刚才那傻帽儿居然敢超我们的车，赶紧超过他啊，你是不是男人啊，屃货！"就这样，她还不赞成老公装GPS，理由是GPS太聒噪。有段时间，她老公快得抑郁症了，想离婚，她还一哭二闹。她老公跟朋友喝酒，吐了真言：每天都在考虑用什么方法把老婆弄死比较好。

第二件是关于旅游的。

那时候妹妹和第一任老公刚结婚，感情还不错，跟姐姐姐夫四个人，去华东旅行，在上海火车站，准备去杭州。两个男人去买的票，当时每隔半小时一趟，他们选了4点钟的，结果这趟车偏偏晚点了，后面三趟车都发车了。

妹妹顿时暴走，用等待的一个半小时，马不停蹄地骂老公，认为他选择这趟车，纯属"脑子进水、智商低、从小蠢到大、没一件事儿能做对"……基本上，老公的一生都被全面否定了。在老婆看来，他唯一该做的，就是把自己扔在铁轨上，以死明志。

而姐姐呢，劝说妹妹无果，只好和老公玩儿起了填字游戏，两个人玩儿得不亦乐乎，等火车来的时候，他们还惊呼，怎么时间过得这么快？同样是一个半小时，跟妹妹，就是度秒如年；跟姐姐，就必须采用中学生作文专用术语"时光如水岁月如梭"。

很多人问，姐姐的摄影师老公，他的工作可以遇到各类美女，为什么只爱他的老婆？他说，因为只有跟她在一起，才会随时随地都很快乐。有一次，他去巴黎拍时尚专辑，随行全是性感美艳的女模特儿，当那些模特儿抱怨巴黎Wi-Fi信号太烂、火车站脏乱差、巴黎人效率低下、骗子多小偷多的时候，他就无比想念他老婆，如果是和她来，一定是没心没肺的愉悦之旅。

张爱玲说，唐明皇爱杨贵妃什么？不是美貌，而是热闹。不是每个女人，都可以把日子过出乐趣的。

这并不等于鼓励女人都变得亢奋而聒噪，如果你的兴趣爱好是吐槽和抱怨，那么，赶紧改。**充满负能量的人，就像一个黑洞，会把周围所有人的好情绪全部吸光。**

同样是丑女，一个善于发现生活中美好的小事儿，一个善于挖掘生活中的丑陋。说起来根本不是什么学历、才华等大事儿，**有时候决定我**

们命运的，就是微小的思维方式。堵车和晚点，大家都烦，但如果你可以从中提炼趣味，你会变得可爱点儿。

其实，**容貌可以决定男人娶不娶一个女人，性格可以决定男人能不能和你长久相处。哪怕你美貌，你贵为冰山美人，每天摆着臭脸，也很少有人能忍受一辈子**。所以这绝对是一个励志故事，丑女就乖乖修炼一下乐观的技巧，不要当什么生活中的差评师了。

记一件小事：什么时候该跟男人上床？

很多时候我都有种时空错乱的感觉。

看到国产剧里两个人初次上了床，姑娘就情深意重地说："我把什么都给你了，你绝不能负我。"

网上有九〇后姑娘发帖，论述自己的初夜，然后加上评论："我已经是他的人了。如果他变心，以后就没人要我了。"

有女生微博私信我，问："和男友上床，他到手后不珍惜怎么办？"

有人在微博树洞留言："因为不是处女，所以对现在的老公非常抱歉。"

有人发帖炫耀："我是处女，所以老公对我特别好。"

每次看到这种话，我就必须去看一眼日历。跟男人上个床就成了破鞋，这不是古代的价值观吗？明明是21世纪的姑娘，为什么要说宋朝的语言？

当然，我不是鼓励姑娘们个个都争当滥交达人，发情了就当街随便拉个男人去交配。我想说的是，别把上床这事儿看得那么重大那么划时代那么里程碑，仿佛是交出你家祖传宝贝，仿佛是要你做出重大牺牲，仿佛是做出毕生最艰难的决定。

不就是上个床吗，又不是让你加入基地组织，顺便推动朝韩统一。

有些姑娘更可怕，拿上床这件事当筹码，动不动就要挟对方：我最重要的东西都给你了，你不给我买LV包你对得起我吗？你手机密码不告诉我你对得起我吗？你这个月工资不交给我你对得起我吗？

恕我直言，潜意识里，这些姑娘把自己活成了性工作者。

姑娘啊，那是你男友，不是嫖客。

贞操不是不重要，但没你想得那么重要，**更重要的，是你的价值观你的见识你的智商你的趣味。**生殖器不是什么限量发行的奢侈品，你的个性和头脑才是。把纠结于怎么以处女膜要挟男人的时间，拿来多看几本书，多看几部好电影，多减几斤肥肉，多学几种让自己快乐的技巧，要高明得多。

那到底该什么时候跟男人上床呢？做好两项评估，第一，你配不配上床？这不是说你要去考个上床资格证书，而是说，你的价值观准备好了没？你确定你的价值不在那层膜上？还是那句话，你输不输得起？做好最坏打算，即使上完床就出了什么意外，男人失忆了翻脸了变心了，你能不能做到邪魅一笑，"至少老子昨晚很爽"？至少，你多了一层体验，人生最重要的，不就是个体验吗？第二，这个男人配不配被你上？真爱、人品、外貌、技术你总得图一样儿。**最好的态度就是，我爱他，我想上他，两情相悦，两不相欠，多高端啊女士们乡亲们。**你要不要你想不想你爽不爽，这是首要的。如果你抱着牺牲自己的贞操,去交换男人的疼惜,这种交易只会让你变得廉价。

还有一种观点是,要征服一个男人,就要征服他的性器官。其实在性方面适当有点儿服务意识和牺牲精神也没错,但也不必以性工作者的职业道德来要求自己嘛。

做好一个男人的性伴侣固然可贵,但做好一个男人的灵魂伴侣更不容易。那种苦苦纠结于跟男人上不上床,生怕上完了自己就被甩了,自己吃亏了下半辈子就毁了,为这事儿茶不思饭不想夜不能寐,看上去思想特别传统,本质上却把性看得高于一切,好像两人的关系就维系在上床这事儿上了。你们的情感互动呢,你们的深度沟通呢,你们的共同话题呢?

其实性爱这件事,核心技术还是做自己。你是保守的人,就尊重自己的保守;你是开放的人,就尊重自己的开放。为了男人去改变自己,得不到你要的,你就会心态失衡。
洁身自好固然可敬,但洁身自好不该是为了尊重自己的身体和意愿吗?纯粹为了讨好男人把自己卖个好价钱的洁身自好,又贱又脏。

纯洁和性应该分开谈

梁文道说过一句牛×的话，纯洁和性应该分开谈。

一个妞儿上过10个男人，每次都是出自真挚的爱；另一个妞儿守身如玉，只为在婚姻市场上把自己卖个好价钱，哪个更纯？

《东京爱情故事》里的莉香，跟完治上完床还得逗地笑，总算把我爱的男人给睡了；而里美，一脸清纯、我见犹怜地抱着完治，哀求他别走——在我心里，莉香是真善美，而里美就是死贱人。

爱和恨都光明磊落就叫纯。

"男生女生拉了手就必须结婚""亲嘴就会怀孕"，5岁小孩这么说，叫天真可爱；15岁这么说，叫装傻卖萌；25岁还这么说，这是病，得治——心理学上管它叫"纯情错觉"，其本质是性心理不健康的一种表现，俗称心理变态，难以适应正常的恋爱生活，心理医生，救救她吧。

性无知不是纯。

遇到问"前列腺在腮帮子还是脖子上""为什么大家一听到菊花就笑啊"的萌妹子，男人们小心脏就扑通扑通地跳，卡哇伊啊，思无邪啊——男人昏庸起来，简直令人发指。大部分男人12岁开始就心中无码了，却指望22岁的女人不懂生理卫生。

猥琐男唯一运用自如的词，大概就是"双重标准"四字吧。自己跟《肉蒲团》中的未央生一致，毕生志愿就是"淫遍天下佳人"，而轮到娶妻，却视非处女为劣等货，摆出一副"你是处女我就好好待你，不是的话就给我夹着尾巴做人"的道德家嘴脸。

事实上，爱不爱处女，跟爱不爱高个子、双眼皮一样，可以作为兴趣爱好的一种，你是处男，洁身自好，所以想娶个处女，携手进行初次探索，这是天赋人权，很好。但自己乱搞，处女情结却强到近乎偏执的男人，必须警惕，因为他的个人哲学的核心，就是宽于律己严以待人。这种男人最爱的绝对是他自己，往往伴随其他缺点——自卑、猥琐、小气、固执、多疑。够自信的男人，哪怕你之前跟10个男人上过，但老子绝对有把握成为你最适合最重要的那一个。那些害怕当不了地位上的第一，只好纠结于当秩序上第一的衰男，够辛酸的。

为了保证处女的供给，猥琐男往往会对"婚前性行为"恶果极度渲染，恨不得给每个未经他们许可就擅自失贞的女人判刑。

押沙龙说过一段相当经典的话："我觉得婚前性行为是最合理的一件事。有人说：婚都不结就上床，这床上得太轻率了吧？我倒觉得：床都没上就结婚，这婚结得也太轻率了吧？**他们觉得上床是一辈子的大事，我觉得婚姻是一辈子的大事。到底是谁对性痴迷，我觉得是一目了然的事儿。**"

你真爱一个人，不会把对方像商品一样要求包装完整，你会把她当成一个人来尊重，尊重她的一切过往，包括感情经历以及性经历—— 一个女人，过了18岁这个可以合法乱来的年纪，爱上了一个男人——廖一梅在《悲观主义的花朵》里写下："我能够怎么办？一个现代女子的悲哀。我不会绣荷包，不会纳鞋底，不会吟诗作赋，不会描画丹青，如果我想告诉他我喜欢他，唯一的办法就是和他上床。和他上床当然是不对的，我知道。"

婚前上了床，又没能和这个男人结婚，于是换下一个男人，千万别瞎了狗眼找那种只爱处女的偏执男；婚前你不上床也要承担风险，没看天涯论坛上不少女生婚后才发现老公不行，痛不欲生还不好意思离婚。

为男人付出多少？底线是：你要输得起

对我的朋友们来说，连我这种白痴混来混去的，居然混成了情感导师，世风日下国将不国啊。切，我都懒得说我刚解决了两个姑娘的终极困惑，人家夸我高屋建瓴醍醐灌顶，好吗？

A姑娘的困惑是：即将大学毕业，男友没通知她一声，就决定去天津工作。她该为了爱情跟去天津，还是遵从自己的规划努力考研，跟男友分手？

B姑娘的困惑是：男友创业，要她去公司帮忙，但男友要求必须是地下情，还以老板的架势对她颐指气使，工资也给得少。以自己的能力，完全可以找职位更高、收入更好的工作，她还要继续帮男友并且委屈自己吗？

其实我的内心独白是，你们可以直接给对方一个温柔的建议：滚。

很明显，两个故事的中心思想都是，男生爱得不够。他们的姿态就是：老子就是火，傻蛾子，快来扑我啊。

飞蛾扑火这件事，到底好不好，一要看长相，二要看性别。

如果你长得美，哪怕是犯贱，也具有观赏价值。

看客们会说，这时代，还有姑娘为了真爱全情付出，真难得。

如果你长得丑，大家只会说，瞧那傻×。

如果你是男人，飞蛾扑火，观众们会鼓掌加油。

就像经典爱情片《真爱至上》里有个经典段子，男生爱上了自己好哥们儿的老婆，一个圣诞节，他上门向姑娘告白，说：我永远爱你。哪怕你老成一个丑老太婆，我依然会爱你。

好痴情、好感人、好心动啊。

换了是女生这么做呢？爱上闺密的老公，向对方表白……

好下贱、好卑鄙、好无耻啊。

在一段恋爱关系中，如何去衡量你要付出多少，只需要动用最简单的逻辑，看看你是否输得起。

对A姑娘来说，去天津，面对一个陌生城市，所有的关系都要依赖于男友，做最坏的打算，如果有一天男友不要你了，你有退路吗？论事业，你确定在天津能找到适合的工作，即使男友不要你，你也能在事业上混得不错，找到自己的存在价值吗？

论关系圈，你确定，你可以迅速形成自己的人际网络，能有自己的朋友圈，哪怕男友冷落你，你也能活得很爽吗？

如果你觉得这些问题太现实、太俗气，跟你伟大的真爱相比，不值一提，那么，你也可以赌一把。

友情提醒一下，有些事儿，发生在别人身上，是故事，发生在自己身上，就是事故。

咱们至少要做个理性的傻×，对吧？

对B姑娘来说，继续留在男友的公司，拿着一点儿小钱，配合他玩儿老板虐下属的游戏，关键是他并不感激你的牺牲和付出，认为你之所以惯着他，全因他太牛×。他更爱自己，并且低估你的价值。认清这些事实，你依然有权利牛×哄哄地说：怎么着？老子愿意！

虽然在我看来，有这种圣母马利亚的高尚情操，还不如收养两条流浪狗。

如果你愿意，可以对自己当下的状态做一个评估：

在婚恋关系中，你随时随地都输得起吗？

哪怕随时分手，你的生活品质都不会下降，你养得起自己，养得起老妈老爸，养得起孩子，养得起狗。

有事业有朋友有大把有趣的事儿可做，失去了男人，只不过是胳膊腿骨折了，打打石膏就好，离心脏还远得很。再说了，你善于管理自己的容貌，管理自己的情绪，管理自己的财产，还会缺男人吗？

其实呢，**"输得起"是男女关系中最好的一种心态。**

因为我输得起，所以我所有的付出，都是因为自己高兴，而不是为了成全你。

认识到这一点，你就不会拿自己的牺牲去绑架别人，不会给别人负担，男女在一起就只为了高兴，双方都轻松多了。这样的关系不是更和谐、更美好吗？你摆出个"看吧为了你我牺牲了这么多，你不对我好你还是人吗"的态度，这是要无赖，自我牺牲是你的选择，你对你的选择负责，关人家屁事儿。

如果说真爱必须惨烈，那么，真爱是那些长得美、有钱、有闲、高情商、高智商的人类才配玩儿的。

像我们这些凡人，别给自己添堵了，把爱情的难度系数调低点儿，稳稳妥妥地，把宝贵的时间用来多看点儿电视打点儿小游戏，多好。

真爱你玩儿不起。

如果他爱你，在你需要时，他就会陪在你身边

在什么时刻，你会觉得身边特别需要一个男人？

大学开学，提着行李回学校，重得提不动，却没人帮一把的时候。

这是果冻小姐的答案。

那时候，她不是单身，男友在另一个城市读研。

有一次开学，她下火车时已是晚上10点，风雨飘摇的，她提着硕大的行李箱，一步一挪地往前走，准备挪进地铁站。一个小伙子走过来，非常友善地说，我帮你吧。然后，面带微笑地接过她的箱子，健步如飞地前行，然后变成快跑，然后变成一个小黑点……剩下了风中凌乱的她——箱子就这么没了，本来她正打算说谢谢的。

在地铁站，她打电话给男友，求安慰。男友劈头盖脸地骂了她一顿，

说她情商太低，轻信别人，只配活在《天线宝宝》这类低幼童话里。她一路哭着回了学校。

大四的时候她坐火车回家，硬座20多个小时，半夜她都不敢睡，怕东西丢了。但是她太困了，迷迷糊糊打了个盹儿，觉得有点儿不对劲儿，睁开眼，一个头发很长、流浪汉模样的男人，正在翻她抱在手里的包。她吓坏了，这时候刚好火车到站，流浪汉迅速下车了。果冻小姐惊魂未定，打电话给男友。那时是凌晨3点，她正要说自己有多害怕，男友说，我明天7点就要起床上自习准备雅思考试，你这时候给我打电话，你是不是太自私了？
然后，男友雅思考得不错，出了国，把果冻小姐甩了。
直到她遇到第二个男友之后，才发现，**爱还可以有其他形态。**

那时候果冻小姐已经在深圳上班了，现男友在广州，理工男，说话特粗鲁，不修边幅，经常三天不洗脸，像个野蛮人。
果冻小姐无意间跟他讲过自己行李箱被抢、一路哭回学校的故事，男友当时正拿着一个苹果，洗都没洗就狂啃，一边吃一边跟她说："以后你出差，不管多晚，哪怕是半夜，都给我打电话，我接送你去机场，不要一个人提着很重的行李在街上晃，你又不是大力水手……"
男友确实做到了，每次果冻小姐出差从外地回来，**男友都从广州开车到深圳机场来接她**，送她回住处之后，自己再回广州。果冻小姐觉得有点儿太折腾了，说自己打车就行了，别这么麻烦。男友骂她：靠，你这什么价值观？找男友不就是为了麻烦他的吗？难道想去麻烦别的男人？
果冻小姐乖乖地闭嘴了。

前年初，男友被调到上海分公司，当时他本来想辞职来深圳算了，但公司开的薪水实在诱人，年薪60万。他跟果冻小姐说，他现在手头只有50多万存款，去上海工作两年，攒够了首付，他就来深圳，两人买房结婚。果冻小姐当然同意了。跟钱过不去，他们是傻×吗？

果冻小姐住在深圳龙岗区，每天搭公交车到福田区上班，不知道是因为太挤还是因为她长得太柔弱可爱，连续几次都遇到公交车色狼，摸她屁股摸她大腿，她拿皮包打对方，对方还特凶悍。这事儿她不敢告诉男友。

于是，她磕磕绊绊考了个驾照，买了辆车。开车第一天，她特小心，因为加班到11点，天色已经很黑了，一路无事。好不容易开到住处楼下的地下车库，结果因为车库地形太复杂，一头撞上墙壁，车前面撞得稀巴烂，她的头给磕了，晕了几分钟才醒。这次她吓坏了，大半夜的，车库一个人都没有，她也不知道该找谁来帮忙。情急之下，打电话给男友时，声音都哆嗦了。

平常特别粗鲁的男友，说话却特别温柔，让她别着急。然后男友打电话叫自己在深圳的哥们儿，住在果冻小姐家附近的，赶紧送果冻小姐去医院检查，还好，没有大碍。那一夜，男友都没睡，在电话那头关注果冻小姐的进展，直到果冻小姐睡着。

第二天上午，男友就从上海回深圳了，搭的最早一班飞机。胡子拉碴的，头发乱蓬蓬的，连行李都没带。

男友说："算了，老子还是辞职来深圳找工作，去他妈的60万年薪。万一你要是出了什么事儿，我还买个毛的房子，结个毛的婚。"

很多女孩儿总是问，怎么才能知道一个男人是否爱我呢？

很简单，他若爱你，在你最需要的时候，他一定会陪在你身边。

谈钱就能伤到的感情，不是真感情

最近第八次看我心中永远的神剧《老友记》了，特别喜欢其中一段：
莫妮卡最大的心结是她的父母偏爱她的哥哥罗斯，永远忽视她。她和
罗斯小时候的收藏都放在车库的纸箱里，老爸为了保护爱车保时捷，
拿莫妮卡的箱子去挡住污水，结果莫妮卡所有的童年记忆都毁掉了，
罗斯的却完好无损。

用"新仇旧恨涌上心头"来形容莫妮卡的心情，都显得太克制了。她
看着坏掉的箱子里有一个灰色的毛茸茸的小东西，她感伤地摩挲着，
把它贴在脸上，猜想这一定是自己小时候最爱的玩偶吧。

罗斯友善地提醒她：这应该是老鼠的尸体……

莫妮卡尖叫着把那玩意儿扔掉了，对父母的仇恨迅速升级。这时候，
愧疚的老爸说：我从来没有好好表达过我对你的爱，这样吧，我的保
时捷就送给你吧！

罗斯歇斯底里：什么？她损失了几个破箱子，就得到了保时捷？！

莫妮卡眉开眼笑：什么？这是真的吗？言下之意，有了保时捷，过去二三十年所受的委屈算个毛！

前段时间，我帮了一个土豪朋友一点儿小忙，她说要送我一份隆重的礼物——我忐忑不安，土豪送我爱马仕怎么办？我会不会被双规啊？

然后，我收到了一个花篮，是土豪朋友亲手制作的。

怎么才能告诉她，送钱一点儿也不俗气啊？

粉丝总问我，咪蒙啊，我真是太爱你了，爱得不知道该怎么表达才好。非逼我再说一次，自从钞票发明以来，这个问题就只有一个答案好吗？

很多时候感情这玩意儿很抽象，钱却是很好的度量衡。

金钱不能替代真爱，金钱却能表达真爱。

有姑娘跟我说，我跟男友恋爱两年了，一直AA制，吃饭、看电影、旅游AA制我都忍了，连打的、开房、买避孕套都要AA。为此我跟他吵过很多次，但他坚持男女平等，就该费用均摊，还骂我太看重金钱，搞得我不好意思为此跟他分手。毕竟，我不想被扣上拜金主义的帽子。对了，他还送我一本波伏瓦的《第二性》，让我好好研究一下女权运动，提高一下思想境界——姑娘，您就这么单纯好哄？连开房和买避孕套都要AA的男人，贱出了新意贱出了风格。

我不是说开房和避孕套就必须男方出钱，但有必要回回都AA吗？

男人总是跟你AA，翻译成白话文就是：他更爱自己。

还有个姑娘，跟老公结婚四年了，老公买了什么股票、选了什么国债、投资了什么商铺，都是他的终极隐私。她一好奇一问，对方立马翻脸，觉得她多事，借口还是那套陈词滥调"夫妻之间要给对方留有空间"。一个男人不告诉你他有多少资产多少钱，因为他不信任你，没把你当自己人。当然还有一种情况是，他有钱到根本不知道自己有多少钱，人家的资产每分钟都在噌噌噌往上涨啊，实在数不过来嘛！比如中国首富王健林，前年平均每天赚一亿，每分钟赚七万。人家顶级土豪的烦恼，我等屌丝懂个屁？

男人对他的经济状况讳莫如深，翻译成白话文依然是：他更爱自己。

谈钱是很伤感情，可是，谈钱就能伤到的感情，不是真感情。

有时候真的很无奈。看看周围，有多少人，谈恋爱十多年，经过了各种惨烈的考验，跨越了时间、地域、星座、性格冲突等多重障碍，都快结婚了，为了一套房子署谁的名字，婚前署还是婚后署，就能瞬间撕破脸，视对方为贱人——多年的感情，却敌不过一套房子。

这个时代已经进化到房子才是衡量真爱的唯一标准。可是明白这些残酷的现实，不是鼓励我们把真爱投放到市场上，明码标价地卖。谈钱就能伤到的感情，不是真感情——这句话的最大价值，就是帮助我们鉴别男人爱不爱你。男人爱你就两个标志：首先，舍得为你花时间；其次，舍得为你花钱。除此之外都是瞎扯淡。

又有女生会说了，那怎样才能让男人心甘情愿为我花钱呢？网上大把类似攻略，比如要假装不功利啊，要表现很矜持啊，要造成有很多优质男人在争抢你的氛围啊……基本上都是《绿茶养成指南》。我的建议是，与其纠结怎样让男人为你花钱，不如想想你自己怎么赚钱，你是缺脑还是缺手啊？恕我刻薄，在当下的社会条件下，一个人穷，除去天灾人祸，基本上都源于懒。

刘瑜的书里有句话，笨是一种人品。

有句话说得好，"以现在大部分人努力的程度，还轮不到拼智商"。你笨主要是因为你懒，把智力荒废掉了。

同理，穷大多数情况下也是一种人品。

要知道，人生做任何选择，都涉及两个问题，你想要什么以及你要得起什么。很多时候，后者比前者更重要。一掷千金的男人谁不爱啊，但他为什么不选刘亦菲、范冰冰、Angelababy，非要选你？理由，你要给人家一个理由。如果你的容貌、情商、性格一无是处，唯一擅长的就是好吃懒做，还指望多金帅哥囤着豪宅来爱你，对不起，你需要的不是男人，而是纯傻×。

回到那个永恒的选择题，一个年薪10万的男人，愿意把10万都给你花；另一个年薪1000万的男人，愿意给你100万，剩下的留给自己，你选哪个？

我选那个给我10万的，然后自己去赚100万。

最好的爱情，其实就是两个人一起奋斗、一起打拼，这样赚的钱才更加踏实稳定。

为什么要机关算尽地等着男人施舍啊，老子自己赚钱，爱给谁花给谁花，多么摇滚，多么酷炫。

不是每个男人都配让我花他的钱的。这才是女人的最高境界，好吗？

只要前任老死不相往来，
世界将变成美好的人间

包子姑娘不是包子。

人家是拿得起放得下的翩翩女汉子。小学时父母就离婚了，跟着妈妈，成长为一只勇猛的学霸，考了全额奖学金，出国留学生活费都是自己打工赚的。遇到的恶心事儿不少，比如舍友诽谤她堕过三次胎、有一次还差点儿被一个印度人强暴——但她说，最恶心的还是属现任男友（姑且叫他包子先生吧）的前女友。

开始，包子姑娘不知道她是谁。

包子姑娘喜欢在微博发一些自己的旅游照，她长得干净阳光，超会打扮，男友还特别会拍照，来来去去就有了一些粉丝，留言也通常是"太美了""口红颜色好好看，打滚求品牌求色号"……但总有一种带刺的声音时不时出现，"看那眼睛都带红丝了，纵欲过度吧""站姿真不优雅，骚货！果然是单亲家庭出身，没家教"，明显是来找碴儿的。包子姑娘懒得跟她废话，直接拉黑，但隔几天，又冒出个新ID，继续恶意攻击。包子姑娘继续拉黑，但是，她的人人网、QQ也开始有类似风格的留言了，语气完全就像同一个人，恶毒的怨妇范儿。

看过有部短片《勺子杀人狂》吗？当你在走路的时候、拉屎的时候、吃着火锅唱着歌的时候，变态杀手就拿把勺子，就是普通的勺子，敲你的脑袋或身体，日复一日，年复一年，哪怕你躲到喜马拉雅山或者撒哈拉沙漠，杀手还跟着你，拿勺子敲啊敲。

不能把人弄死，但绝对能把人弄疯。

包子姑娘怒了，学霸不愧是学霸，花了三小时，研究攻击自己的ID，经过技术流的搜索和分析，连对方的身份证和简历都被她搜出来了——确定这是男友的前任，该前任喜欢自称柴火妞。

包子姑娘先礼后兵，把柴火妞骚扰自己的证据，打印的打印，刻盘的刻盘，快递给对方，警告对方，收敛点儿，不然就告她骚扰。

柴火妞转变戏路，从暗黑系切换到琼瑶系，给包子姑娘发邮件，先说自己一直爱着包子先生，舍不得、放不下，在她心里，包子姑娘才是第三者。

然后她开始挑拨，今天看到你们的合影了，他还穿着那件带帽衫，是我们去阳朔的时候买的情侣装。

接下来她打苦情牌，拜托包子姑娘好好对待包子先生。她说：他对狗毛过敏，记得千万别养狗；你炒菜的时候，记得别放胡萝卜，他说胡萝卜吃起来像塑料……还有比教人家女友怎么照顾自己的男友更贱更恶心的事儿吗？更何况，柴火妞当初劈腿，才导致她和包子先生分手，现在包子先生开公司了，有钱了，她就成万古痴情女了？

包子姑娘感觉自己周围像埋伏了一只大苍蝇，但是她真的一点儿都不想当屎啊。她必须做点儿什么。

接下来这两三周，轮到包子先生烦躁了。他的手机上总是收到莫名其妙的留言：请对包子姑娘好点儿，她生理期的时候会特别暴躁，你要让着她。

下个月就是包子姑娘的生日了，她不喜欢收到鲜花，说一束鲜花还不如一只老母鸡，老母鸡还可以炖汤喝呢。

包子先生气死了。因为这还真是包子姑娘会说的话。谁这么恶心？

包子先生按捺不住，问包子姑娘，发短信的是谁？是你前男友吗？

包子姑娘说，如果我说是呢？

包子先生说，老子现在就去把他揍成一级伤残！

包子先生准备去厨房拿菜刀了。

包子姑娘说，你给我滚回来。

包子先生怒了，你还护着他？你赶紧跟他一刀两断！你要是跟他有一点儿藕断丝连，老子就跟你翻脸！分手了就是陌生人，懂不懂？让他滚远点！

包子姑娘说：这就是我想对你说的话。

包子姑娘这才把柴火妞骚扰她的证据全部展示给包子先生看。包子先生冷静地看完了，拿起手机，拨了柴火妞的电话，按了免提，直播给包子姑娘听。

包子先生：喂。

柴火妞（一秒钟就听出了包子先生的声音，难掩惊喜）：是你啊……你终于……

包子先生（不耐烦地打断）：听着，我不是叙旧的，你别再骚扰我老婆！

柴火妞（委屈地）：你们又没结婚……

包子先生：我们十一就结婚。我告诉你，你别搞事儿，我老婆是我的家人，你是外人，你让我老婆一时不高兴，老子会让你一辈子不高兴！

柴火妞（哭了）：我担心她照顾不好你……

包子先生：你对我来说，就是路人。我怎么着，不关你的事儿。还有，我现在就爱吃胡萝卜，我老婆烧的胡萝卜炖牛腩可好吃了！

柴火妞哭得更猛了，包子先生当场把电话挂了，然后把手机卡抽出来，扔了。这之后不知道包子先生是否还警告过柴火妞，反正柴火妞再没骚扰包子姑娘了。

包子姑娘说，她不会和柴火妞直接对话，对方还不配。只要包子先生不理她，她搞这些幺蛾子根本就是浪费。

"分手以后，大家就是路人"——这是多么美好的一句话，能省掉多少麻烦、多少糟心事儿。

我身边的恩爱情侣，没有一个是跟前任搞暧昧藕断丝连的，分手还要做朋友，那就是贱。

除非你们俩都单身。

你们爱怎么玩儿怎么玩儿，不伤害第三方。

总有人说，"毕竟大家相爱一场，心里总要留个念想"——简直是标准的绿茶和渣男的说辞，如果你舍不得放不下，就回去找他（她），否则，就一心一意跟现任好好过日子。

前任有多贱，取决于现任有多暧昧。

没有坏前任，只有渣男友。

只要你还在乎现任的看法，就该和前任相忘于江湖。

只要所有前任老死不相往来，世界将变成美好的人间。

我是因为你，
才爱上了这个世界

我们一定要通过爱情，

才能，得治愈。

但是好的爱情，

确实有强大的治愈功能。

我不要你风光，我只要你健康

昨天我被骂了。

被我妈。

今天中午起床一开机就接到她的电话。她劈头盖脸就熊了我一顿。中心思想就是：你疯了吗？今天凌晨3点还发朋友圈，你不是睡眠不足都吃止痛片了吗？

吓尿了。

我要再不说点儿什么转移话题，她估计能说一小时。

我说，妈，你别担心了，我壮得很。来北京我胖了七斤，简直成了一个球体！我做了一下科学推断，我的体重和我所在城市的纬度有很大的关系。你说，我是不是该搬到赤道去？估计能瘦点儿。

我妈说，你别给我瞎扯。你上次的体检报告我看过，不是说你脂肪肝、胆固醇高，还有血糖高吗？

我说，那不是因为我吃得多、长得胖吗？哎，我跟你说，相信我，我对医学有了解，咱们中国的体检太严格了，我这些参数在美国，就特正常……

我妈越听越气，打断我，继续说我的身体问题，说我不重视体检结果，说我晚睡晚起很不健康……一口气说了十多分钟。

我灵机一动，这时候必须说点儿好消息才能力挽狂澜。

我赶紧说，妈，我跟你说，我明年要写长篇小说哟，真的要写了哦，我是不是很厉害！

我妈听了，说，那不是说明你会更忙了！那你还不休息好？身体搞垮了你拿啥写！！我跟你说，你不要再吃那些垃圾食品了，你不要再喝那么多饮料，对身体不好……

为毛不管我说什么话题，她都能拐着弯儿聊到我的身体健康上？

这到底是什么特异功能？

每次打电话，不管我多么狗腿地巴结她，或者为了让她高兴，尽讲些我多风光、多牛×的例子……

然而她关注的点永远只有一个，我的健康。

她永远只会说，我不在乎你赚多少钱，我最最害怕的，就是你生病。

我朋友特烦他妈。

总是在微信里直接给他发一些朋友圈谣言……

什么白酒加啤酒等于自杀啊……

什么接受免费的钥匙圈会危及性命啊……

什么下雨天打手机容易被雷劈啊……

他开始也就忍了……假装没看见就是了……

过段时间他妈开始专门打电话问他，你看了我昨天给你发的那条新闻没？

他问，哪条新闻？

他妈说，就是"微波炉加热食物致癌"那条啊……

他无语了，那不叫新闻，那叫谣言，谣言！妈，你别给我传这些了行吗，烦死了！我就不说它们100%是假的了，起码99.99%都是假的！！！

他妈说，我知道很多是假的。

他更无语了，说，知道你还转给我！

他妈说，就算99.99%都是假的，只有0.01%是真的。可是，万一你因为没听这0.01%，给你带来点儿啥不好的影响，对我来说，就是100%啊。我只有你一个孩子啊。

忘了说，朋友是物理学副教授，简直就是科学家了。

他妈总觉得科学也不一定靠谱。

他每次给他妈说，他又发了学术论文啊，刚评了职称啊。

他妈总是说，嗯，我儿子真的很厉害。不过你要注意身体啊，你去超市买点儿绿豆和芝麻……

一个养生知识讲座就这么开始了……

是的。

也许，科学可以战胜一切迷信，但有一种迷信真的挺难战胜的。

父母对孩子的爱，就是世上最大的迷信吧。

前年开始创业，开了个很小的影视传媒公司。

说好的可以上××台的剧，上不了了。

说好的马上要给我们投资的风投，突然下线了。

在最艰难的时候，我打电话给在美国的好朋友，说起这事儿。她说，把账号给我。这五个字真的是全世界最温暖的话。她给我打了一大笔钱。然后这一年，由于我在创业上经验不足，犯了很多致命的错误，到去年8月，公司账号上一分钱都没有了。我投的，合伙人投的，好朋友投的，所有的钱都赔了，一共赔了400万。我一直以为之前已经是最艰难最艰难的时候了，没想到还有更艰难的。合伙人看不到希望，不愿意再做了，要离开。

我走投无路，咬牙决定把公司搬到北京。毕竟北京的影视资源会多很多很多。只要我更努力，应该有机会。

当时我在深圳机场，准备飞北京。

飞机晚点，我给好朋友打电话，说，我想把公司搬到北京，重新开始，好不好？

好朋友当时还是在美国。她说，说实话，我根本不太关心公司运营得怎么样。既然我投了钱给你，就百分百相信你。只是……

我心里一沉……我对她真的非常内疚，我甚至想卖掉房子先把钱还给她。

她说，只是，你的嗓子是不是哑了？你一定是太辛苦了……这样吧，你先休息一段时间，半年，怎么样，好好调理一下作息，放慢节奏……我的钱真的是最不重要的……你千万别放在心上……咱们是这么好的朋友，对我来说，你的健康比钱重要一万倍……

挂了电话，在机场候机厅，我崩溃大哭……

我下了决心，无论如何，哪怕累成狗，也要把好朋友给我投的钱赚回来，才能对得起她。

当时我听见有人在说，妈呀，就是飞机晚个点，不至于难过成这样吧。

最近很多人说，咪蒙，你真的红了哦。然而我身边的人，永远只有一句话：咪蒙，注意休息啊，我感觉你太拼了。别这样啊，休息好更重要。周末玩儿一下你会死啊。

我答，什么是周末啊。

说实话，我根本搞不清哪天是哪天……

因为每天都要搞剧本，以及有很多文章要写……

罗同学更是。

电话里，不管我给他讲什么事儿，他最终都能落实到一个问题上：我担心你没休息好，对身体不好。

他越来越像我妈了。

其实，这几天特别有感触的就是这一点：

外人真的只能看到你成功不成功，风光不风光。

而真正在意你的人，只会关注你健康不健康。

我是因为你，才爱上了这个世界

我很久，很久，很久，没有秀恩爱了……

以前写过《我爱的男人，要有一座贞节牌坊》《四岁开始种下爱情》《我的理科生老公，他是外星人》。

我爱的男人，必须是刚烈挂（指对另一半忠贞不贰），没有前女友来纠缠，不跟女同事搞暧昧，不屑与小女孩儿玩儿哥哥妹妹的奸情。

他要对全世界狼心狗肺，只对我一个人掏心掏肺。

他必须符合现代老公的最高标准，带得出去，带得回来。

这段曾经在网上流传很广的话，就是我写的。

我和罗同学4岁就认识了。

我们小学和初中都是一个班，大学毕业后到了一个单位，在同一个办公室。直到我前年辞职之前，我们都是24小时相处。

很多人问，你们都不会烦吗？不会相看两厌吗？不会七年之痒吗？

不会啊。

如果你看一个人久了，就会觉得烦，那大概还不是真爱吧。我们结婚已经10年了。

我想记录10件关于爱的小事儿。

有一年春节回家，表弟请我们很多人去唱K。

大家都狂喝啤酒，我兴致来了也要喝。罗同学说喝酒不好，伤胃。他跑去给我买酸奶，说喝了酸奶对胃好一些。等他回来，发现我不在，表弟说我上厕所去了。他等了十几分钟，我还没回来。他开始担心了，说要去找我。

我表弟觉得太夸张了，说，上个厕所还能遇到坏人吗？再说了，我表姐长得五大三粗的，应该让坏人小心她。

罗同学没理，依然来找我。

这家KTV特别豪华，好多间厕所。他一间间敲门问我在不在里面。

那时候我在厕所里听到外面有他的声音，真是郁闷透了。妈蛋我拉个屎还得跟他搭腔。

我叹了口气，说，我在。

他说，我担心死了，以为你喝多了站不稳、摔倒了之类的。你没事儿吧？怎么在厕所里这么久啊？我说，没事儿啦，我只是在拉屎。然后等我出去，外面几个人都意味深长地看了我一眼。

回到KTV包间，我表弟特感慨。

表弟跟我说，姐夫实在太在乎你了。我都被感动了。

我说，感动个毛啊。我便秘的事儿全世界都知道了。

唯唐是大年初一生的。

那天医生紧缺。

我等了18个小时，唯唐在我肚子里都快缺氧了，才有医生来做剖腹产手术，把他掏出来。他全身都发紫了。护士把他抱到我面前，我觉得他好可爱啊，皱巴巴的一团。然后我和唯唐被放到一张床上，推出产房。

我想象着罗同学看到唯唐，也很开心吧。

结果他冲着我就过来了，看着我，特担心地问，老婆，你还好吧。还痛不痛？难受吗？我有点儿感动，又有点儿为唯唐难过。他老爸根本不管他哎。

求婴儿版唯唐的心理阴影面积。

以前我懒癌晚期，不想起床，就扯着嗓子喊，小罗子，快来扶我起床。罗同学就很欢快地过来了。

唯唐看这招好使，也让罗同学来扶他起床。罗同学立马严肃脸，瞪唯唐一眼，自己起，别废话。

罗同学永远上一秒用特温柔的语气跟我说话，下一秒对唯唐很凶。

实力双标啊。

唯唐一直喊他大魔王。

唯唐说，为什么每次妈妈想做什么都可以，我却不行？

罗同学眼睛都没眨，你又不是我老婆。

唯唐气死了：你有老婆了不起啊。

罗同学毫不犹豫地回答，是啊。

有一次跟一帮朋友玩儿。一个朋友说，问男人"我和你妈同时掉水里，先救谁"，这问题很两难。但是问男人"你老婆和你孩子掉水里，先救谁"，就很好回答了。一般都救孩子嘛。

罗同学惊呆了，啊？谁说的？

朋友说，难道你先救你老婆？

罗同学说，不然呢？

他对唯唐超级严厉。

很多时候我都觉得，他是为了我，才顺便爱孩子的。很多时候我都有种唯唐是我带的拖油瓶的感觉。唯唐真的是他亲生的啊啊啊啊……

唯唐两岁的时候，我突发奇想，非要春节期间全家去澳门玩儿。那一次，我做的每个决定都是错的，都导致了最坏的结果。

罗同学说人很多，我不听，果然人很多，我们过关排队，排了五个多小时。我非要自己拿通行证，他说我容易丢三落四，交给他比较好，我偏不，结果我把港澳通行证丢了。

通行证丢了，我们就回不了深圳，必须多待一天，第二天补办。我们找不到地方住，当时是旺季，所有的酒店都订满了，只有赌场和情色洗浴中心可以去。

可我们带着唯唐啊。

我们只好去麦当劳。

在麦当劳坐下来，我想到一家人要在这儿待一夜，特别特别内疚。

当时已经很晚了，唯唐在他怀里睡着了。我看着罗同学特别累的样子，心里一直在想，他真的不怪我吗？换了是我，我早就骂得他狗血喷头了，害得全家人搞成这副德行。

他终于开口了，老婆。

我想好吧，就算他怪我，也是应该的。

他说，老婆，你去帮我买杯咖啡好不好？你记得再给自己买杯热牛奶，这里暖气不足，我怕你冷。

那一晚，我躺在麦当劳的椅子上，睡了一夜。

他抱着唯唐，整整坐了一夜。

多年不见的朋友来深圳，我约了一帮朋友在我家一起玩儿。我这个大吃货，总是突发奇想要吃这个，要吃那个，让罗同学去帮我买（那时候很多餐厅都不能外送）。朋友看罗同学一脸"这是很正常的要求我马上就去"的表情，特别震惊。

这就算了，到夜里1点，我让罗同学去买砂锅粥当消夜。罗同学马上站起来，拿车钥匙。

朋友问，还要开车去啊？

罗同学说，是啊，她爱吃的那家，走路挺远的，开车只要半个多小时。

然后他就出门了。

朋友看了看我，恍然大悟。朋友说，我知道了，你又怀孕了对不对？

我说，靠，不能因为我长得胖就说我怀孕啊。

朋友说，难道他平常都这样？大半夜给你买吃的？太夸张了吧？

她扫了眼在场的其他人，试图寻找认同感。其他人一脸冷漠地说，这有什么好奇怪的，我们都习惯了。

等罗同学回来，朋友很同情地说，你太可怜了，咪蒙总这么欺负你啊？

罗同学说，这不是欺负啊，我喜欢给她买啊。

前年，我开始创业，刚搬到新的办公室，罗同学送东西来公司，我正好在给员工们做饭。

我一不小心，切到手指了。

员工们跑过来，关心地问：菜没问题吧？没有沾到血吧？还能吃吧？

这帮没良心的家伙！

我想跟罗同学吐槽他们。

结果一转身，他不见了。

十几分钟后，罗同学又回来了，满头大汗的。

我说，你干吗去了？去桑拿了？

他拿出手里的创可贴和云南白药，给我包扎。

我说，没必要包扎吧，太夸张了，也没流多少血。

他说，别废话。

我问他，咦，创可贴和云南白药是你去买的？

他轻描淡写地说，是啊，就在附近的药店买的。

这事儿我也没在意。

过了一段时间，我才发现，我们公司最近的药店来回也要半小时。罗同学当时跑得有多快啊。

去年初，我们公司拍短片，请了一些美女模特儿来客串。所有人都拥过去看美女，只有罗同学守着一堆衣服一直在看iPad，连吃盒饭都守在旁边。从早上8点到下午5点，他除了上厕所，没离开半步。

其他人实在不能理解，忍不住问他，你怎么不过来啊，你在干吗呢，老板呢？

罗同学指指旁边，原来我一直躺在三张椅子拼成的床上，身上盖的全是衣服。

他们远距离看，以为罗同学守着一堆衣服呢。

当时我连续两天没睡觉，实在撑不住了。

事后员工一直跟我吐槽，天哪，你家罗同学也太夸张了，寸步不离守着你睡觉，至于这么宝贝你吗？难道你在那儿睡觉，谁还会非礼你啊。你长这样子，别人又没瞎。

去年初，我从深圳来北京出差，结果一到就重感冒，头特别晕。晚上11点，罗同学打电话给我的时候，我都呼吸不匀了。

我说，我好难受，我想睡了，有什么话明天再说吧。然后我就把手机一关，睡了。

第二天上午起床，打开手机一看，妈呀，几十条微信。除了罗同学问我"还好吗？没事儿吧"，还有一些多年没有联系过的小学同学和初中同学，都给我发微信，问我：你没事儿吧？我打你电话打不通。

我×。怎么回事儿啊。

我正奇怪呢，宾馆房间的门铃响了。

我打开门，是罗同学。

他坐最早的飞机来北京陪我了。

我问他，怎么这么多人找我啊。

他说，昨天晚上听你在电话里，病得那么严重，我吓坏了，但是最早的航班都只有7点多的，我想找个在北京的朋友照顾你。他特别担心，一夜没睡，打电话给在北京的所有多年不联系的老同学（也是我的老同学），问他们能不能来宾馆看看我。

妈呀，多年不联系的同学，他半夜打电话骚扰人家？

估计这些人最近都转了我那篇《致贱人：我凭什么要帮你？！》吧。

去年6～8月，正是我创业最难的一段时间，每天焦头烂额。罗同学一直说自己头痛，眼睛痛，而且眼睛经常看不见。我口头上说，那你去看病啊，但我真的没有太在意这件事，内心深处，甚至有点儿嫌他不懂事。明知道我这么焦虑，我都焦虑得快要跳楼了，他还添乱。

8月份，罗同学等电梯的时候，晕倒了。被送到医院，查出是肾性高血压。当时他的血压已经高达190多了，血压太高，都压迫到他的视觉神经了。医生都吓坏了，说血压这么高，很容易脑溢血。这么严重，为什么我们一点儿也不重视，没有早点儿来医院看？

看着他全身插满管子，还有心跳检测器在旁边，那时候我内疚得恨不得捅自己几刀。

还好，在高血压患者中，他算是最年轻的，恢复得还算好，血压慢慢降下来了，但是肾病得慢慢养。

那段时间他住院，我每天去医院，他还特别开心，说，老婆，自从你创业，都没什么时间跟我说话了。这几天每天能见你这么长时间，我都感谢自己生病了。

听了这话，我更内疚了。也是因为他住院，我要照顾他，我要去帮他拿药，帮他买饭。我才发现，我的生存能力有多差，我连买个饭都能迷路。

这么多年来，都是他一直在照顾我啊。

有一天半夜，我守在旁边，帮他盖被子。

他迷迷糊糊中说，老婆，你盖好被子，别着凉了。

了解我们的人常常感叹，咪蒙啊，你的人生是根据韩剧改编的吧。我说，你看着我这张脸，还说得出这种话。

其实我也问过罗同学，你是怎么做到数十年如一日，坚持爱我的。

他说，我没有坚持啊。**真正爱一个人，是不需要坚持的，是自然而然，想要一直去爱。**

我说，坦白说，我都有点儿不理解，你怎么可以这么无私地爱一个人？他说，我对你的爱不是无私的啊。**我的爱是自私的。因为只有跟你在一起，我才会幸福，我才会安心。我是为了自己，才这么爱你的。**

我说过，以前我的爱情观和婚姻观都极其扭曲。因为我爸和他身边的朋友几乎全是直男癌，全都出轨，全都信奉男人就是身边女人越多越成功。

我看到的奇葩故事太多，比电视剧还荒诞离奇。

所以，以前我压根儿就不相信"岁月静好"这种鬼话。

我是跟罗同学在一起之后，才慢慢学会相信世界的美好。

原来，那种忠贞不渝的感情可以在现实中存在。

我也说过，以前我骨子里特别特别自卑。

是因为罗同学患有审美癌，一直觉得我好看，才治好了我的自卑。

我们不一定要通过爱情，才能获得治愈。

但是美好的爱情，确实有强大的治愈功能。

我是因为他，才爱上了这个世界。

很抱歉，我只对我喜欢的人善良

我爸爸说，他是个很善良的人。他经常收养流浪狗。冬天，他怕狗狗会冷，会半夜起床好几次，给狗狗盖被子。有一次，他连续几天都在外面鬼混，妈妈打电话说狗狗跑出去，被车撞了，送到兽医那里了。他十万火急地跑到兽医那里，看到狗狗做手术，他心痛得直掉眼泪。回到家，他怪我妈妈没有把狗照顾好，跟妈妈吵起来。他一急，把我妈妈推到地上。妈妈的腰撞到床角，受了重伤。妈妈住院，他没有去过医院一次。他没时间陪家人，常年在外面赌博，哪怕是大年三十。就连我妈妈生我的时候难产，大出血，病危通知书都下了三次，我爸都没从牌桌上下来过。我出生的第二天，他才来医院看我。我在以前的文章中也写过，我爸跟他的红颜知己也是他生意上的合伙人出轨，还邀请那女的全家来吃饭。也许是沉浸在热恋的氛围中，他很激动，亲自下厨做了大鱼大肉，让我打下手，剥几个松花蛋，我动作慢了，他扬手就给了我一耳光。

对小动物，他那么温暖。

对家人，他那么冷漠。

那时候我十几岁，我人生中第一次认真地思考，到底什么是善良。

看《请回答1988》的时候，真的很郁闷。女主爸爸是个很心软的人。他每天晚上回家，都会在陌生人那里买各种东西。卖口香糖的老奶奶，卖野菜的老人。他还给在街上游行的大学生塞钱。

他很有钱吗？

他家里穷得都快揭不开锅了。

因为他好心，给一个朋友担保，害得家里欠下巨额债务，全家人住在半地下室。他的女儿一双鞋穿了好几年，都破了洞。他家最昂贵的财产就是一台相机，女儿不小心把相机丢了，他老婆心塞到追着女儿打。女儿人生唯一的修学旅行，盼着去，但他们拿不出钱。后来是靠邻居接济，才能去的。她老婆想去邻居家借钱，大晚上的，在邻居家坐了半天，都开不了口。

有一天，他晚上回家，又掏出三瓶去污水——是地铁上的一个小伙子推销给他的。他怕老婆骂，说那个小伙子跟小儿子年龄差不多大，他很同情才买的。而且，这去污水超级管用，不管衣服上有多少墨水，涂一点儿，"咻"地一下，墨水就消失了哦。他老婆一气之下泼了一瓶墨水在他的白衬衣上。他很得意，哼哼，没问题，是时候让你感受一下神奇去污水的魔力了。于是，他用去污水在墨迹上涂啊涂啊，效果很明显，墨迹越来越大了。

老婆因为他对陌生人的慷慨，吵过很多次，哭过很多次。

如果你的善良和大爱，会换来家人的拮据和困苦，这样的善良还是善良吗？

我同事的爸爸和《请回答1988》女主里的爸爸，简直就是同类项。

小时候他们家里也很穷，小学四年级要开学了，妈妈好不容易给她存了学费，她爸爸偷偷拿去，借给自己一个欠了赌债的朋友了。她妈妈急坏了，到处借钱，最后跟一个邻居哀求了好久，才借到学费。为这事儿，妈妈哭了一夜。她妈妈让她爸爸保证，以后再也不要为了外人而委屈家人了。她爸爸答应了。

那年大年三十，她爸爸说，今晚全家人好好在一起守岁，咱们一家人也该好好享受一下天伦之乐了。她和妈妈都好高兴。晚上7点多，春晚快要开始了。一个单身女同事，邀请她爸爸去家里打麻将。她爸爸兴高采烈地打电话邀了三个男同事，一起去。

她站在家门口，流着眼泪求爸爸别出去。

今天是除夕，说好了要一家人团聚的啊。

她爸爸回到屋里，

拿了自己的钱包，

头也不回地出去了。

看过一个粉丝的留言，很长很长，让我特别感慨。

她爸是方圆100公里出了名的老好人。心特别软，任何人只要求他，他就会出于同情，有钱出钱，没有钱，借钱也要出。别人是为了朋友两肋插刀，他是为了陌生人也可以两肋插刀。

有一次，她爸和一帮新认识的人喝酒，喝完了坐其中一个人的车回家。结果那个人酒驾，撞了人。那个人当场就给我粉丝的爸爸跪下了。他说自己下个月要结婚了，如果未婚妻知道这事儿，绝对会跟他翻脸。他家三代单传，他都37岁了，这次再结不成婚，他妈会气到心脏病复发。他还保证，自己家里有关系，公检法都有熟人，保证不会让他坐牢，恳求他帮个忙。救人一命胜造七级浮屠啊。

帮忙顶罪哎。

正常人都不会同意好吗？我粉丝的爸爸不是正常人啊。

他同意了……同意了……全家人都劝他不要同意啊，根本没用，他不听。

酒驾的人确实信守承诺，找了关系。我粉丝的爸爸被判一年，缓期两年执行，所以实际上他也没有坐牢。但是他们全家因为这事儿，彻底崩溃了。我粉丝的爷爷太生气了，脑溢血，送到医院就去世了。她奶奶难过得躺在床上两个多月，一直精神恍惚。我粉丝的妈妈痛下决心，跟她爸爸离婚。

换来这么惨烈的结局。

这到底是善良，还是死蠢？

我有一次去朋友家做客。她妈妈特别热情，非要留我吃饭。吃着吃着，她妹妹回来了。

她妈妈赶紧去厨房，给她妹妹盛了一碗汤，让她妹妹赶紧来喝。

她妹妹说不想喝，想去睡觉。

她妈妈看她妹妹很累的样子，很心疼，坚持让她喝了汤再睡。

然后她妹妹就发飙了。

她妹妹大吼：你烦不烦啊，啰里巴唆的，我说了不吃，你聋了？我很忙你知道吗？我在干大事儿你知道吗？

她妈妈不敢说话，一脸委屈地回来，怕我尴尬，马上满脸堆笑地招呼我多吃点儿。

事后我问朋友，你妹妹干啥大事儿啊？拯救地球啊？

她说，她妹确实在拯救地球。

她妹妹在上大学，据说是某个公益组织的骨干，成天忙着策划一些"关爱地球""给陌生人温暖""人间大爱"的活动。

我就奇怪了，她妹在自己妈妈面前这么横，她就不管管？她说，还不是碍于我在场，不然她早冲上去扇她两个嘴巴子了。

最近听说，她妹把她妈放在家里的钱拿走了，花了3800块，买了两只乌龟放生。那是她妈妈为了多赚点儿家用，偷偷出去当钟点工，攒下的钱。

我从来不反对善良。

但我坚决反对，用家人的委屈，成全你个人的善良。

如果你的善良会严重伤害到家人，恕我直言，你不是傻×就是人渣。

所以呢，让拥有大爱的人去欢快地大爱吧。

而我更想首先关注自己的家人。

我说过很多次，所谓成功，就是让身边的人感到快乐。

首先做到这一点，再去发挥余力，让不认识的人也感到快乐吧。

我在微博也说过。**我的梦想是什么，就是挣很多很多的钱，每天给我妈打钱。**

我再也不想有那种陪她去买衣服，她看了价签，就假装不喜欢，拉着我要走的情况。我要让我妈过上买东西不看价签的生活。

如果你认为这就是狭隘，这就是自私，

你说得很对。

很抱歉，我只对自己喜欢的人，和喜欢我的人善良。

当我说"你吃饭了吗",我说的是"我好想你啊"

大学时候认识一个萌妹子,追她的男生很多,她选了里面最丑的一个。

我们问她为什么。

然后她说了他们之间的事儿。

萌妹子和丑男生之前只是好朋友。萌妹子喜欢吃冰淇淋,有一次丑男生的导师请他去吃自助餐,自助餐会每人发一个冰淇淋。他正要打开,旁边的朋友说,这是很贵的冰淇淋哦,超好吃!

他自助餐也不吃了,拿着冰淇淋,一路小跑,跑回学校,拿给萌妹子。萌妹子说,那是她第一次吃到哈××斯,不,是喝到哈××斯。

过年回家,萌妹子坐火车,丑男生送她去火车站。萌妹子说,她买了一盒巧克力,要拿去送给她喜欢的男生。丑男生没说什么。

检票快要进站的时候，丑男生从包包里掏出一个冰袋，里面放了两个冰淇淋，是萌妹子最爱的口味。

他说，拿着吧，一会儿可以在火车上吃。

她从包包里掏出巧克力，递给丑男生，说，你吃吃看。

丑男生说，你不是说要送给你喜欢的人吗？

萌妹子说：对啊。

丑男生明白过来，眼睛都红了，愣了半天，才敢伸出手去抱抱她。

很多时候，我们决定了要跟那个人在一起，可能就是因为最细微的小事儿。

就像我一朋友说，她男友跟她求婚了好几次，她都说，哎呀，结婚干吗，反正我们不结婚也能在一起，没必要啊。

有一次，她买了半个西瓜回家，放在冰箱里，转头看韩剧去了。

男友下班回来，说好渴啊，有冰的东西吃吗？

她说，有西瓜。

男友问，那你吃吗？

她说，你先吃吧，别管我了。

等她很满足地看完两集韩剧，回头看那个西瓜，周围都被挖干净了，留下了中间一大块，那是西瓜最甜的部分，活像海里的一座岛屿。

她一边吃西瓜，一边跟男友说，喂，你明天有空吗？

男友问，有空啊，干吗？

她说，反正闲着没事儿，咱们明天顺便去结个婚吧。

认识一个女生，跟前男友分手，是因为一盘蛋炒饭。

我当时一听这原因，就骂她作B。

她说你先骂这一句，剩下的等我讲完再骂，好不好。

她和男友，以及男友俩哥们儿一起吃饭。

男友点了一大盘蛋炒饭，让女生吃。

女生说，我不吃了，蛋炒饭里放了葱。

男友不爽了，别作了，快吃吧。

女生有点儿委屈，可是我真的不爱吃葱啊。

男友深呼吸，看着她说，就那么点儿葱，你吃了又怎么样，又不会死！

女生也怒了，我不爱吃，你为什么强迫我，你有病啊！男友也急了，我俩朋友在这儿，你就不能给我点儿面子，让你吃个饭，又不是吃屎！你至于吗？！

于是两个人吵架就上升为你到底在不在意我、你爱没爱过我了……于是就演变成大撕B，以及当场分手了。旁边那俩哥们儿也是够二的，据说还掏出了一包瓜子看他们吵架。

后来，这个女生找了新男友。

第一次去男友家吃饭，听到男友在厨房，对他妈妈说：妈，做蛋炒饭啊？那记得不要放葱哦。

他妈妈很惊讶，咦，你从小到大，不是都爱吃多放点儿葱的蛋炒饭吗？男友说，可是，我女朋友不爱吃葱啊。

女生好惊讶，交往了半年多，每一次做蛋炒饭，他都没有放葱。她一直以为，他也是不爱吃葱的。

原来不是每个男生都只在意自己，不在意对方的。

每次和他以及他的朋友们一起吃饭，他都会先问，你想吃哪家？

他哥们儿吐槽，我们不是人哪，为什么不问我们？

他都会答，我又不会娶你们，滚。

然后当着朋友们的面，给她夹菜、剥虾。

如果他爱你，他会记得你关于吃的每一件细微的小事儿。

他会尊重你的喜好，而不会为了自己的面子，强迫你吃不爱吃的东西。

最近很喜欢韩剧《请回答1988》，全世界最温暖的男生善宇，爸爸去世了，和妈妈相依为命。妈妈也是黑暗料理大王，火腿怎么做都好吃，她还是能做得咸死个人；炒个鸡蛋，蛋里面永远有壳。善宇从来没有挑剔过，每一天都乖乖地吃完。

有一天，他和好朋友们在外面吃饭，回到家门口才发现忘了吃妈妈带的便当。他偷偷坐在门外的台阶上，掏出便当，把难吃的饭一口口吃掉，把夹在蛋里的蛋壳从嘴里拿出来。

这里的旁白就是：**很多时候，爱就是给对方一种错觉。比如吃掉难吃的饭，让妈妈觉得自己是料理大王。**

我爸爸出轨的那段时间，我妈妈做的每一样菜，他都不满意。

妈妈炒的回锅肉，他说肉好老，是在菜市场捡来的吗？

妈妈做的鱼香肉丝，他说肉丝切得粗细不一的，太丑，看着就没食欲。

妈妈做的土鸡汤，他说，怎么这么淡哪，你是把鸡放进去洗了个澡就端出来了啊？

似乎不是调侃，因为他的表情并没有笑。他是真的反感吧。以前他一直夸妈妈做的饭很好吃的。其实妈妈做的菜，味道从来没有变。只是他的爱变了。

朋友跟男友异地恋，每天视频，最大的主题就是问，你吃了什么？她明知道男友是个技术宅，永远都只会点最熟悉的那两家餐馆的外卖，永远都只点固定的菜式。她依然会问，你吃了什么？

大家都笑他们两个成天视频通话，就是为了说这些鸡毛蒜皮的小事儿，好无聊啊。

他们决定不再问你吃什么了。可是，一段时间之后，他们觉得哪里怪怪的。因为知道对方吃什么，就是最真实的关心哪。就好像我陪在他身边，参与了他的每一个生活细节。不问这个问题，感觉离对方更远了。他们决定，**一辈子油盐酱醋，一辈子无聊好了。**

很多人都说，不就是吃个饭吗？多大个事儿啊。

可是，**爱就是一件件琐碎的小事儿。我们身边每一个亲密的人，都是跟我们在吃一顿顿饭中，渐渐累积起感情的啊。每一种食物，都有我们关于情感的记忆。**

所谓爱，不就是没话找话，不就是愿意听你的每一句废话吗？不就是愿意知道你每天吃了什么吗？

我们总是在电话里、微信里，一遍遍地问对方，你吃饭了吗？

每一句"你吃饭了吗"，

意思就是"我好想你啊"。

和好朋友渐行渐远，是什么感觉？

和好朋友渐行渐远，是什么感觉？

那就是，我妈问我"那谁谁谁最近怎么样了"，我只能回答"我不知道啊"的感觉。

那就是，以前提到她，总是说"我闺密"，现在提到她，只能说"我以前有个同学"的感觉。

那就是，想去看看她的朋友圈，点进去，却只有一道横线的感觉。

那就是，别人转发她的近况，看到她都生二胎了，她和她身边的一切看起来都那么陌生的感觉。

是的，我们曾经许诺，要做一辈子的好朋友。

是的，我们曾经幻想，为我们的孩子指腹为婚。

是的，我们还曾经约定，要是我们老了，就一起去住养老院，风烛残年，带病花痴帅哥。

很多时候，友情也跟爱情一样矫情。那就是，我的未来规划里，一定有你。但是……没有撕B，没有翻脸，没有交恶。我们就这样，慢慢地，从无话不说变成了无话可说，从互相羞辱之交变成了点赞之交，最后变成了连点赞都显得不太合适之交。我们唯一的交集，就只是，我的输入法还记得你了吧。

很多时候，我们以为友谊会天长地久，没想到，只是无疾而终。

那么，疏远了的友情，还要不要挽回呢？

不必了吧。

我们得学会接受，有些感情就是阶段性的。

勉强要回来，我也不是我、你也不是你了。

然而**哪怕再不相见，我还是会记得你的美好。**

记得你曾经教会我的那些事。

初中一年级的时候，我的同桌是个白羊座的女生。

一头短发，乱蓬蓬的。我和她每天一起看《童话大王》，一起沉迷于里面的故事，一起分享郑渊洁对成人世界的各种吐槽。我们觉得自己很厉害，觉得自己掌握了人生的真谛。

那时候，我妈给我买了辆自行车，粉色的，超级拉风。我骑着自行车和同桌一起去新华书店买词典。买完了出来，发现自行车不见了。我很惊慌，天哪，怎么办哪。我的新自行车啊，才骑了几天啊，不见了我妈会骂死我啊。

同桌让我千万不要着急。她结合了当时的环境和所有的条件，冷静地给我分析，结论是，一定是别人认错了，把我的自行车当成自己的，骑走了。

我觉得她说的好有道理啊。我们两个在原地，很安心地，站在冬天的寒风中，从下午5点，等到晚上8点多。

那时候我妈纳闷，我买个词典怎么这么晚还没回家呢？于是来新华书店门口找我。看到我们两个，问了下情况，劈头盖脸骂了我一顿。

我妈说你傻不傻啊，明显是自行车被偷了啊，还站在原地等，等个屁啊。事后同桌还是表示不太相信，也许有好人呢。

我和她很多年没有联系了。

听说她前年还干过一件蠢事。某天她在一家咖啡厅，一个女孩自称是大学生，给她看了学生证，找她借50块车费回学校。还郑重其事地跟她要了地址，说要汇款还给她。

她就借了。

然后就没有然后了。

这么俗套的骗局，她都能上当。

听了这个故事，我却特别安心。这么多年过去了，她还是这样，让我相信，这个世界有些美好的东西，是永恒的。

世上有骗子，
也有天真烂漫的她。
她让我相信美好，以及相信白羊座是好人。

初中的时候，班上转来了一个石家庄来的女生，说一口标准的普通话，把我的名字都念成儿化音。她也是哈比族（《魔戒》里虚构的一个族群，身高比正常人类矮），所以一来就注意到了我和三个闺密组成的哈比小团体。

她直接跟我们说，我可以做你们的好朋友吗？

当时真的惊呆了。

觉得她怎么这么直接啊。

然后我们就成为好朋友了。

有一次我们吵架，一般来说，吵架了，如果想跟对方和好，我们就用暗示的方法，避重就轻嘛。

比如问，要不要去小卖部买东西吃？

或者，放学一起走吧。

就算是和好了。

不用说对不起，也假装之前的别扭没有发生过。

然而她不。她会很郑重地跟我道歉，说对不起，说之前她做错了。她是我见过的第一个可以这么认真地说出对不起的人。从那之后，我也开始学习说对不起，然而学得很不好。每次想说对不起，就会觉得特别尴尬，难以启齿。

奇怪的是，我们踩了别人的脚，挡了别人的路，我们可以随口说对不起。然而我们真的伤害了别人，冤枉了别人，却很难说一句对不起。

每一次我没有勇气说对不起的时候，就会想起那个女生，用普通话说对不起的诚恳的模样。

大学的时候，我的好朋友是一朵奇葩。为毛我的身边都是奇葩呢？我好像明白了些什么。

她长得不美，却谁都敢追，体育系大帅哥、中文系学弟、英语系老师。她从不给自己设限，从来不懂什么叫知难而退。印象最深刻的是，有一次她追生物系的男生，长得像张智霖的大帅哥，特别高冷，我们都觉得她疯了。

她只说了一句话：不试试，怎么知道行不行呢？

她火力全开，每天去生物系旁听，毛都听不懂，但她根本不在乎。

她给那个男生送玫瑰花，为他学吉他，给他在校园广播站点歌。

在我们那所保守的学校，她简直就是惊世骇俗的存在。

结果呢？

她还是没追到。但是那个男生的好朋友，长得特别阳光的大男孩喜欢上她了。那个男生家里超级有钱，请我们几个闺密去吃西餐，高级牛扒人均两份啊。太土豪了。

我顿时觉得我的好朋友能吸引到这么伟大的人，真是棒呆了！

我是从她那里才学会了，很多时候不懂知难而退是一件好事，这会让我们有勇气去做那些不可能的事。

这个世上，只要你敢，再大的不可能都会变成可能。

而你怯懦，再大的可能也会变成不可能。

现在我这么厚脸皮，这么盲目自信，一大半都是她害的。

她应该为我的人生负责。

蔡康永在《奇葩说》上，曾经说过一段话：

可能现在友谊被包装得非常华丽跟高贵，事实上，人生的不同阶段会有不同的好朋友。

好朋友就是把好东西带到我们生命里来的人。

是的，也许，曾经的好朋友现在已经跟我们毫无交集，

变成了两个世界的人。

时间改变了友情。

但是，曾经的好朋友带给我们的那些美好的记忆、美好的习惯、美好的价值观是无法改变的。

Chapter

7

最高级的浪漫，就
是柴米油盐鸡毛蒜皮

爱情以反映一个人的最高智慧和最低道德。你找什么样的男人，为他可以做出多么没底线的事，这都取决于你，而不是那个男人。

夫妻之间最大的矛盾是什么？阶级！

在所有出了车祸并且断了腿的人里，我认识的东子是最幸运的。他有钱。

跟《触不可及》和《遗愿清单》那类成了高位截瘫或者得了癌症的超级富豪一样，虽然很惨，但是人家有钱。

东子的老婆是他的大学同学，外企高管，年收入几百万，御姐型。他瘫了，老婆跟没事儿似的，该调侃调侃，该骂人骂人，丝毫没当他是残疾人，甚至会拿他的残疾打趣。

老婆推着轮椅中的他，照样秀恩爱，害得朋友圈里的男人很不爽，那孙子凭什么啊？

两年之后，他们就离婚了。朋友们松了一口气，早就说了，这世上哪有什么真爱！

东子真是残障人士中的励志偶像，刚办了离婚证，第二天就娶了公司前台，童颜巨乳大美妞。

朋友们当天都扎了他的小人，活像东子睡了他们的女人似的。

如果你以为这个狗血的故事已经结束了，那真是太天真了。上个月，东子的老爸过生日，亲朋好友都在。他前妻过来，拿着他们当年的婚戒，重新向他求婚。亲朋好友拉着他，生怕他拿盘子砸过去。

东子当场就答应了。

现任妻子傻眼，东子说，你要多少钱，开个价。

然后他被盘子砸了。

据说，东子之所以跟前妻离婚，是因为他车祸之后，丧失了生育能力，而他前妻的梦想是，35岁就辞职，然后回家生两个孩子，一家四口幸福地生活在一起。东子不忍心耽误心爱的女人的梦想，忍痛把她赶出去，火速展开了二婚，就是希望她死心。以她的条件，哪怕二婚，都能嫁个好男人。

结果，娶了现任老婆，才发现，两个人没有任何共同语言、共同爱好、共同朋友……等前妻送上门来，东子瞬间就崩溃了，郑重决定，从此以后，做一个自私自利的残疾人，缠着前妻一辈子。

有一次东子自称喝醉了酒，要吐点儿真言，他说，前妻从小到大都是学霸，智商情商双高，以她的能力，开个公司，一年赚上亿都不是难事儿。（作为穷B，我专门问了，1亿这么容易赚？哄我吧？据说王健林一天赚1亿。我另一个朋友的科技公司，前年赚了60亿，忘了是美金还是人民币。有钱人的世界啊，为毛谈起钱来，计量单位都是亿啊）所以他们在一起，没有利益瓜葛，谈的都是真爱。

而现任老婆，爱好就是逛淘宝，看言情剧，跟他聊的话是双十一打折了她买了多少东西申通快递太慢她弟弟想出国留学能不能赞助80万……即使他前妻不来求婚，他也会和现任妻子离婚，他的原话是"老子总不能真的跟充气娃娃过一辈子"。

有人崇尚爱情至上，爱得纯粹的婚姻，我身边很多朋友都是夫妻一起打拼，一起努力的。也有的男女双方各自的条件虽然不那么对等，但是也能互敬互爱，一往情深。然而，我觉得，对婚姻和爱情，其实有多种解读。其中一种我想说的是，夫妻之间的最大矛盾是什么？也许就是阶级吧。

这没什么新鲜的。

门当户对是古训，可是，现在的阶级差异不仅仅体现在门第和出身上，更重要的是你自己的阶级坐标。东子、前妻和现任妻子，论家庭出身，都是小城市普通小康家庭，按理说，并不存在阶级冲突，但是，东子和前妻都是知识型、奋斗型中产（接近富豪），现任妻子是没文化的小市民，学历背景、知识结构、视野见识、经济能力截然不同，除去前妻的性格魅力以及他们的共同经历，最重要的，就是阶级和价值观上的相近。

门当户对的核心在哪里，就是价值观。

查尔斯王子为什么选择卡米拉而不爱戴安娜？从家庭出身来说，卡米拉和戴安娜都出身于贵族，但是，查尔斯毕业于剑桥，卡米拉曾在瑞士和法国留学，两个人都是学霸、文青，戴安娜则是补考都不及格的高中辍学生，典型的学渣——**没有共同语言和共同兴趣，很难有情感上的共鸣。**

一个土豪朋友兴致来了，找了个清纯朴素的女大学生谈恋爱。一个月之后，他跟我说："我们去吃私房菜，2000块一位，她得知价格，非要走人，拉着我去吃烧烤；我给她买卡地亚手镯，她拿去退了，去淘宝上买了两条30多块的项链，剩下的钱存起来；我们去逛高端超市，我拿任何一样东西，她都在旁边唠叨说太贵，为什么不换便宜点儿的……"

我说，多勤俭持家的姑娘啊，中华民族传统美德展示橱窗啊，你娃赚了。

他说，赚个毛。我买个东西，她在旁边碎碎念，最开始还觉得挺新鲜挺好玩儿的，这妞挺实在挺可爱啊，听多了，老子烦都烦死了。坦白说，我最近在收购一家公司，1亿还是8000万，差别真的不大，关键是投资回报率。老子根本不想把时间浪费在比较180块的牙刷和280块的牙刷哪个性价比更高上。（据说最近他买了把3000多块的牙刷，我想问，凭什么啊？3000多块的牙刷会唱歌吗？早上刷牙的时候，会祝他心情愉快吗？）土豪的结论是，发誓不找穷人谈恋爱了。

一点儿也没考虑我这个穷B听众的心情。

阶级一点儿都不是什么高深的词。

你买的房、你买的车、你买的手机、你买的牙刷都喻示着你的阶级。你说，我不是买不起LV，我只是舍不得。舍不得就等于买不起。

就算是夫妻之间，阶级也是有流动性的。很多夫妻结婚伊始，阶级属性近似，但是男的开公司了发财了，女的还在原地站着，关心着七大姑八大姨那点儿小事儿，以为等啊等啊老公就会退回来，太乐观了。

笨蛋们又要问了，那我该怎么办呢？首先，不要找阶级差异太大的，除非你自己有足够的个人魅力去跨越这个差异；其次，结了婚，也要保证两个人的同步成长。

势利是人类的天性，哪怕是父母和子女之间，你能干、你牛×，父母都会更爱你。找到你的优点，维护你的优点，在婚姻中和在职场中一样，永远保持你的不可替代性。
这个社会的真谛就是，你的报酬不是和你的劳动成正比，而是和你的劳动的不可替代性成正比。

夫妻之间也需要自我营销

基本上，我的朋友都是些二货。只有一个朋友，叫温暖，名如其人，真善美风雅颂温良恭俭让，简直像是我买来充门面的。

温暖从小就是三好学生，乖宝宝，名牌大学金融专业硕士毕业后，当上了财经记者，业余时间还在攻读社会学硕士。朋友圈聚会，她是最好的倾听者，任由我这种二货天马行空、胡说八道，她时不时来点儿贴心的肯定。

低调、内敛，是一种美好的品质。在婚姻中却未必。

温暖的老公是她的高中同学，大学毕业后在厦门一家保险公司当销售，业绩还不错。二人长期两地分居，她希望老公调到深圳来。对方不同意，理由是留在厦门对他的事业发展更好，因为上司颇为器重他。她老公要求她辞职去厦门，温暖忍不住说，可是，我也有我的事业啊。

她老公说：你那叫屁的事业啊！听到温暖转述这句话，我只想对她老公说一个词：法克！

温暖是一流媒体的财经记者，她老公就一卖保险的。用乔布斯的话说，可口可乐的总裁也不过就是一卖糖水的。我不是瞧不起销售人员，是你哭着喊着求我鄙视你的！

问题出在哪儿呢？温暖这姑娘，坏就坏在太谦卑了。她父母都是知识分子，从小对她的教育就是，要戒骄戒躁，要含蓄低调，所以，对她老公，她从来都不会讲自己在单位里多受欢迎、多受重视，自己的报道产生了多大影响，专访了多少业界大佬。她讲的都是自己做得不足的一面，哪篇稿子没写好被上司说了两句，哪天采访说错了话自己都失眠了。她以为自己这样是敞开心扉，分享焦虑，这没错，问题是，你不能当自己的高端黑啊。久而久之，她老公觉得自己越来越牛，老婆越来越傻，老子跟她在一起完全是做慈善。

怪谁呢？怪你不会营销自己啊！除非这个男人爱你爱到超越自己，他才会每天去关注你的小成就，跟进你的小进步，寻找你的小亮点，否则，一般情况下，你的社会价值，需要你自己传递给他，而不是等着他去发现。

别以为贬低你自己，对方就会被你伟大的情怀所感动。恕我直言，大部分人都没有资格低调。

你天天讲自己的缺点，渲染自己的无能，长此以往，**就像洗脑一样**，在对方心中形成固定印象。你可以做一个实验，你每天宣传一个自己的缺点，反复宣讲，比如你说自己头大，你说自己脖子粗，你说自己腿短，哪怕你只有一点点倾向，甚至你压根儿就不是，说到100次的时候，所有人都会确认，你说得对，他们会帮你找证据去论证这一点。

每天重复100遍，大家都会被他洗脑。看看《乌合之众》你就会明白，人类的盲从、轻信、非理性，远远超乎你的想象。《第三种黑猩猩》就提供了生物学上的论据，毕竟人与黑猩猩的遗传差距才1.6%。我们只不过是聪明一点儿的黑猩猩。

我说的营销，不是昧着良心吹牛×，长成凤姐，非要把自己夸成林志玲。那不是营销，那是欺诈。

别以为都结婚了，双方购买行为已经结束，做好售后服务就可以了。

其实结婚才是新一轮营销的开始，你确认自己的优点，放大你的优点，渲染你的优点，同时开发自己更多的优点，久而久之，让对方有种优越感：我的眼光真是太好了，找到这样的另一半真是捡了大便宜。有时候我就会对老公说，哇，我真羡慕你。他顿时受宠若惊，努力搜索最近自己做了什么好事儿。我说，你居然找了这么才华横溢的老婆，真是运气好啊。可能罗同学智商比较低吧，他真的认为自己走了狗屎运才遇到我。别把营销想得那么功利、那么硬邦邦嘛。**用有趣的方式，宣传你的优点；同时用有趣的方式，拿自己的小缺点自嘲——这样才能建立一个完整的个人品牌，优势清晰，又不咄咄逼人。**

最最重要的是，千万别自黑上瘾，在对方面前摆出一副怨妇姿态。这个世界上，除了《知音》杂志，没人真心喜欢苦B。

最高级的浪漫，就是柴米油盐鸡毛蒜皮

浪漫是最好的春药。

茉莉的男友向她求婚时，给了她一个加大号的浪漫，花了5.5万，在报纸上买下半版广告，写下爱的誓言："我爱你，依然，始终，永远。"当时周围众女生惊羡万状，恨不能替换了茉莉，自己上。

只是，半年之后，茉莉额头上顶着一块纱布去上班。新婚的丈夫偷情，被她捉奸在床，丈夫恼羞成怒，揍了她。
靠，这男人的"永远"也太短了点儿吧。

认识一青年才俊，是圈内公认的情圣。上中学的时候，为了追到班花，他把情书做成手绘本，做工之精美，用心之诚恳，直接PK掉了另外三个情敌。大学的时候，他胆儿更肥了，直接追校花，玩儿的是光影涂鸦，场面够大，全校轰动，连当地报社都来采访他了，一举把校花追到手。

跟校花结婚之后，他每天发给老婆一条短信，全是肉麻情话，诸如：老婆，今天开车路过一家商店的橱窗，有一只洋娃娃，长得好像你，那么精致、那么唯美，我庆幸今生遇见了你。他老婆一直以为自己活在韩剧里。

有一次喝高了，玩儿真心话游戏。青年才俊说，其实，他的肉麻短信一直是群发的，除了他老婆，他还发给另外三个情人，她们也以为自己活在韩剧里。"女人嘛，带她们去鼓浪屿、丽江、马尔代夫这些浪漫去处，氛围都特别催情，一趟旅行下来，她们就比狗还忠实了，不过，烦的就是狗不会老是问你，是不是一辈子只爱她一个。"

这青年才俊有多渣，暂且不论。我想说的是，女人们常常搞错一点，你以为男人搞这些浪漫的招数，对你用的是感情，其实人家用的只是技术而已。他或许不是因为用情太深，而是因为急功近利，只想用一些快速的手段，把你哄上床，跟每天持之以恒地付出相比，玫瑰、情话、烛光晚餐多省事儿、多高效啊。

所以每一次，看到新闻里什么惊天动地式的求婚，我就保持了欠扁的冷静，重点不是求婚时有多酷炫，而是婚后是否始终如一。

去美国出差的时候，同行有一位商务男士，沉默寡言，无趣透顶，活像一段呆木头。其他男士结伴去看脱衣舞表演，只有他认真地问另一个女生：你刚才说旁边那家商场，有个牌子的鞋特别好穿是吗？我想给老婆买一双好走路的鞋。然后他就一头扎入商场，选鞋去了。

第二天，吃货导游带我们去了一家超级正宗的海鲜餐厅，每个人都沉浸在大龙虾中无法自拔。只有呆木头先生，认真地给餐牌拍了照，我问他干吗，他说，要记下这家店的名字，下次带老婆来吃。

这才是情圣，好吗？爱一个人，不一定非要哗众取宠、惊天动地，而是他每时每刻都会自然地想到你。他不会说什么狗屁情话，但他踏踏实实地为你做好每一件微不足道的小事儿。

爱，不过就是一个个细节。

一个男人真的爱你，他的一举一动都会因你的需要而转移。他无须刻意玩儿什么花招儿，秀什么技巧，他的爱，历久弥新。

一个女性朋友跟我抱怨，说她老公太矬，一点儿都不懂浪漫，连结婚纪念日都不知道送她一束玫瑰。我当场就飙脏话：靠，你已经赚大了好吗——她老公清楚地记得她的例假周期，所以每个月都会提前给她煲好鲫鱼汤；每次做爱她要时间长就长，她要时间短就短，永远把她的感受放到第一位；因为她对避孕套敏感，所以她生了宝宝后，老公主动去做了结扎……比起这些，玫瑰什么的算个屁。

只有为你量身定做的浪漫，才是最高级的浪漫。所谓巧克力、玫瑰、钻石，不过是世俗的认定、商家的营销、旁人的推崇、笨蛋的装B而已，你真心喜欢吗？我承认，我老了，我连情人节都不屑过了。为什么要别人规定我哪天该特别恩爱？还要傻兮兮地出门，用规定动作来证明甚至是炫耀我有人爱？像我这种真正的炫耀狂，秀恩爱不分时间、不分地点。

更何况，我对那种放烟火、看星星、沙滩上写"I love you"的童话式浪漫已经无感了，甚至觉得特别傻×。

我喜欢的，反而是鸡毛蒜皮、婆婆妈妈的小体贴。**不能上升到柴米油盐的浪漫都不是真浪漫。**

挺喜欢网上那个小故事：看见一对情侣吵架，女孩发脾气甩包走了，冲出去不远，脚步慢下来走几步就回头看。那男的也不着急，捡起包在后面慢慢走。路过一个煎饼摊，男的停了下来，对着女孩大声喊：傻×，你要加几个鸡蛋？不远处回答：俩……
这就是浪漫的最高级。

为了孩子不离婚，你确定这不是借口？

"哪怕老公再渣，为了孩子也不能离婚，我要给孩子一个完整的家。"

这话听起来是不是很耳熟？

"为了孩子，我不能离婚"，很多女人就是靠这句话，活在自己多么崇高、多么伟大的幻觉中，结果是，害了自己和孩子。

有个小姑娘，自称柠檬，两年前她给我写了邮件。她说自己生平最恨的人，是她的亲妈。为此，她自杀过。

她不是她妈妈的第一个孩子。在她之前，她妈妈怀孕八个月，被她爸打到流产。她妈妈没有离开这个男人，反而不到一年又怀孕了，生下了她。她爸只要打牌输钱、生意亏本儿都会打她妈，因为觉得她妈妈的名字里有个"舒"字，意味着他要"输"。她妈从不穿短袖和短裙，因为身上常常带着伤。

柠檬小学六年级，她妈来开家长会，她爸也来了，上来就当着全班家长和老师的面，给了她妈一个耳光，接着把她妈打到骨折——因为她妈中午忘了给她爸送饭。在医院，柠檬求她妈离开那个坏男人，她们母女俩自己过。她妈说，女儿啊，我是为了你好，离了婚，你会被歧视，我得让你有个正常的家。柠檬怎么也想不明白，这样每天活在拳打脚踢下的家，叫正常吗？爸爸光天化日之下都常常打妈妈，这还不够被别人歧视吗？

高中一年级，他爸炒股失败，又觉得是她妈的错，把她妈妈打到肝破裂。柠檬去医院，看到妈妈全身插着管子，输液、输氧、输血，情绪崩溃了。就在医院，柠檬抢了隔壁病床的水果刀，准备割腕。柠檬豁出去了，跟她妈说：别说什么不离婚是为了我，你不离婚，我现在就死！

她妈妈吓坏了，柠檬为了让她妈下决心，真的拿刀切下去，意气之下，血管割破了，血喷了她妈一脸……这次，她妈保证要离婚了。

结果，依然没离，并且她爸听说女儿撺掇老婆离婚，命令柠檬妈不准去看女儿。柠檬整个高中寄宿期间，只要她不回家，她妈也就不闻不问。这下柠檬彻底死心了，她妈妈从来都是因为自己离不开男人，而不是因为她。

柠檬再也没来过信，我发邮件她也不回了。

也不知道她现在好不好。

我认识另一个姑娘，就叫她栀子小姐吧。老爸习惯性出轨，她妈妈舍不得离婚，说是为了女儿。她爸是厂长，找的都是厂里的会计、办公室主任、厂花等等，小三小四小五小六都在周围。她爸还成天夸耀自己多牛×多厉害，征服了多少女人。初中的时候，栀子因为是班长，有一次带着班委们去看望一个生病住院的同学，结果碰到她爸从性病

239 / 280

科出来，同行的男生一直嘲讽她，说她爸一定是得了梅毒，下身长菜花，她因此成了全班的笑柄。至此之后，她再也不愿意正视自己的老爸，觉得他特别恶心。

我想说的就是，明知老公是渣男，你却不离婚，你真的是为了孩子吗？或许，你是因为：

离开他，你养不起孩子，至少生活品质会大幅下降；

你不甘心把同甘共苦多年的老公拱手让人，尤其是让小三儿坐享其成；

因为你爱面子，怕周围人用异样的眼光看你；

因为你带着孩子二婚会更难找，生活会更艰难……

就像《贤内助女王》里的女主，想到老公出轨，觉得极其恶心，但是想到如果离婚，要从头开始，连日用品都要一件件买，带着孩子要艰辛打拼，算了，还是忍忍吧。

你不是为了孩子，是因为你无法战胜对未知生活的恐惧。

别说什么不离婚是为了孩子好，孩子们一点儿都不觉得好。相反，他们会觉得自我厌恶，因为是自己害了妈妈，是自己造成了父母更大的不幸。

只有自爱的人，才配去爱别人。只有快乐的妈妈，才会有快乐的孩子。否则在怨怼、抑郁、仇恨中，勉强维持虚假的家庭外壳，这样的环境下希望孩子能健康成长，你骗谁呢？

不是每个女人，都当得了渣男回收站

老公出轨了，变心了，到底要不要挽回，要不要回收渣男呢？

这个问题每个人可以有自己的选择，随便你。反正我不会。我觉得最好的方法，是直接选个风和日丽的日子，两人去把离婚证领了，再去吃顿火锅，算是完成了散伙的仪式，从此相忘于江湖。

石榴女士就不会同意我的话。她是我老家的邻居，川剧团跑龙套的，每天两大仪式是：吊嗓子以及练习散打。

她老公小她四岁，在精神病院当护士，因为长得有点儿像蔡国庆，深得疯子们的青睐，冲上去搂着他、要和他睡觉的女病人不下三四个。终于有一天，他出轨了，和一个女医生。

依照国际惯例，石榴女士是世界上最后一个知道这件事的。她的反应是，在院子里哼哼哈哈打了一套拳，蹲了一小时马步，老公回来的时候，她直接问，我还是她，你选一个。

老公吓尿了，立马表示回归家庭，跟小三儿一刀两断。石榴女士表示原谅他了——但她原谅的方式是从此站在道德制高点，把他钉在耻辱柱上，一言不合就翻出旧账来羞辱他，要求他每天在家二十四孝，当着他的家人、他的朋友、他的同事的面，换着花样，用各种句式和修辞辱骂他。

从此以后，这个盗版蔡国庆更娘炮了，乖巧柔顺，唯唯诺诺。

在四川，这种妻管严的男人叫"耙耳朵"。耙耳朵先生有天洗碗，打碎了石榴女士最喜欢的一个盘子，都被罚写了检讨。这还算温馨的，大概每个月，他都要被揍一次，挨打原因，都是基于石榴女士对他人品的怀疑和否定。比如他往对面阳台上看了一眼，石榴女士就认定他在凝视对面张家风骚媳妇的花内裤。在她眼里，耙耳朵先生简直就是24小时持续发情的生物。

就这样过了大半年。

有天半夜，石榴女士家里又传来了殴打声，邻居们本来也习惯了，十几分钟后，一个人影甩了出来，哼哼唧唧地喊痛——是石榴小姐。

耙耳朵先生拿着一根钢管，恶狠狠地说：你他妈的别以为我打不过你，老子宁愿离婚娶个女疯子，也不想跟你过下去了！据说，吵架原因是，耙耳朵先生给石榴小姐的大姨盛了一碗汤，石榴小姐怀疑老公想乱伦。

石榴小姐显然已经患上了被害妄想症。

她小时候，她老爸也出轨，石榴妈选择了原谅，然后她老爸老妈恩爱相处了20多年，再后来石榴妈得胃癌去世，她爸也一直没有续弦。每年石榴妈的忌日，石榴爸还会哭一场。他说，他这辈子已经背叛过老婆一次，不能再有第二次。

其实石榴妈也没干什么惊天动地的好事，她只是正常地跟石榴爸相处，对于他出轨的事只字不提。

那时候，石榴妈说，男人出轨，老婆原谅他，就像活活吞了只苍蝇，但你可以选择不吞啊！既然你自己选择吞下去，就别再废话了，你得为自己的选择负责。

确实。如果男人出轨，你要么就选择让他滚蛋，要么就选择原谅，两个人一切清零，一切重来。你要是以为你没出轨你就牛×了，你就是圣母马利亚本人，对方就是永远的罪人只配给你提鞋，这种思维过不下去。

因为，原谅出轨男没什么好牛×的，你也不是什么圣人，无非是因为离不开或者离不起，不管是因为你太爱他，还是你太爱他的钱，都没什么特别高尚的，当你选择原谅渣男的那一刻，你就和他对等了。
回收渣男本来就是一个高难度的活儿。不是有调查数据证明这件事吗？出轨后两个人还能恢复原来关系的伴侣不超过1/4，大部分人就破罐子破摔，一条道走到黑了。
不是每个女人，都当得了渣男回收站。

爱情可以反映一个人的最高智慧和最低道德

"一个男人的最高品位，就是他选择的女人。"这句话没有问题，问题是紧跟着这句话的，大多是指导男人要找一个懂事、听话、天真、对你充分信任、给你绝对自由，同时又没有过多物质欲望的女人——这种女人真的存在吗？真的不用充气？

其实，一个女人的最高品位，就是她选择的男人。

很多时候我们会愤愤不平，明明有些女神，兰心蕙质冰清玉洁简直该做成标本每天供着，却找了个渣男，被劈腿、被嫌弃、被羞辱，还不肯回头，到底是为毛啊？比如酒井法子的前夫不仅吸毒，还让二奶跟正室住在一起，酒井法子居然就这么从了，还跟着老公吸毒成瘾；比如周慧敏明知倪震是花心渣男，依然选择和他结婚。多少粉丝满腔愤慨，渣男去死，根本配不上女神！

其实，爱情这件事，没有配与不配，她选择他，必然是因为他身上有她看重的东西。他就意味着她的智商和品位。

文艺圈有个别女作家、女画家、女明星、女导演，作品很脱俗，人也很清高，她们的丈夫却是商人中最俗不可耐的那种，担任她们的经纪人，谈价钱时为一点儿钱跟对方翻脸，口出恶言，搞各种炒作，掺假、撒谎，毫无下限，旁人总会骂猥琐男，同时为这些女人不值。她们之所以选择市侩的男人，是因为她们也有市侩的一面。如果她们忍受不了对方的市侩，早就选择离婚了。能和市侩的男人长久相处，足以证明她们并不像我们想象中那么反感市侩。只是她们选择扮演清高，两个人的角色分配不同，而已。

认识一个女生，大学的时候是典型的女文青，写诗、写美文，上厕所拉屎都在看《百年孤独》。硕士毕业后，在文艺杂志当编辑，言必波拉尼奥、伊恩·麦克尤恩、大卫·米切尔等纯文学作家，仿佛旁人说点儿柴米油盐娱乐八卦，都是奸污了她的耳朵。她跟我们聊天的时候没有使用文言文，已经是照顾我们这些文盲的感受了。她还不全是装B，她是真心热爱文艺，是朋友圈公认的才女，每次写稿都是凭爱好，从来不在乎稿费多少。
2009年，她结婚了。老公是精算师，这职业多高端啊。我见过他两次，我的困惑是，精算师的意思是，生活中每件事都要精打细算吗？他要求老婆买糖炒栗子，都要算清楚性价比；家里买个沙发垫子，都要经过他的批准。

一个不屑于谈钱的人，嫁给了一个每分钟谈钱的人，我们都以为这对夫妻长不了，至少得天天吵架吧。

没有，人家迄今为止都好好的。秘诀是什么？她变成了他。文艺女青年再也不谈诗、不谈诺贝尔文学奖了。前段时间跟她见面，她说话的内容分为三个主题：1. 讲我们共同认识的每个人的坏话，用语居然比我还恶毒，太失落了。2. 控诉她现在单位里的每个人都是极品，证据往往是"坐了一次她家的顺风车没有付油钱""单位发福利分的苹果吃了她两个让她很不爽"……我感觉自己回到了幼儿园大班。3. 炫耀她老公多有钱，他们全家买了多少套房子多少套别墅，已经玩儿遍欧洲美洲大洋洲了，春节只好去迪拜住七星级酒店，勉强休个假吧。我担心她家的钱花不完，下一步只能去买座岛了。

轮到埋单的时候，她竟然一动不动，既然不打算给钱，点菜的时候，为什么专点刺身和鲍鱼啊？我只好默默含泪去把账付了。

一个好端端的文艺女青年，怎么就被改造成市侩大妈了呢？其实，她在择偶观上就有相当现实的一面。她看中的，只是他的职业和收入。然后，在两个人相处的过程中，她完全放弃了自我，价值观上全面妥协。其实谈钱没什么不好，但是眼里只有钱就太无趣了。据她的同事透露，有一次她打车忘了拿小票，当场被她老公骂了整整一小时，因为这意味着23块钱不能报销了。她老公的原话是：这不是钱的问题，是观念的问题。于是，她人性中市侩的一面，慢慢地释放出来，覆盖了以前文艺的部分。

夫妻之间，价值观完全无法调和怎么办？要么离婚，要么其中一方转换三观。
有句话说得好，爱情可以反映一个人的最高智慧和最低道德。你找什么样的男人，你为他可以做出多么没底线的事，这都取决于你，而不是那男人。选择一个猥琐男，你要陪着他猥琐，而选择一个好的男人，可以激活你人性中美好的那一面。

那些年，我们这些没人追的女孩

也许在，你喜欢的人，

只看你暗淡的那一面。

但总一天，会有一个人，

愿意绕着你转一圈，

看到你发光的那一面。

"剩女"不是不要婚姻，只是不要将就

没人知道孙小美到底离过几次婚。

我怀疑她自己都忘了。

最开始，她的故事是"剩女"的标准版本。四年前，她28岁，上班当着文秘，下班看看韩剧，爱吃垃圾食品，喜欢养仙人掌，给每坨仙人掌取了名字，没事跟仙人掌聊聊天儿——她就是个没心没肺的普通姑娘。

但在她妈看来，孙小美就是一残疾人。28岁的姑娘，没谈恋爱没结婚，不是心理残疾吗？有一天，老妈看她跟仙人掌聊天，急了。

老妈够彪悍，直接在她家小区楼下开了小型婚介所，任何男人上门要求介绍对象，她妈都只推荐同一个姑娘，孙小美。她妈教育她："要求别那么高，将就一下能过日子的就好！你还真以为自己能嫁给玄彬、李敏镐啊？"

孙小美在老妈的淫威下，有一天先后见了11个男人，见最后一个的时候，脸盲症严重的她实在分不清谁是谁了，百无聊赖中，睡着了。

然后她遇上了一个在银行工作的男人，看着挺老实的。她老妈很满意，孙小美就和他领了证。酒席、蜜月酒店什么都订好了，男人说"不好意思我还是只爱我前女友"。孙小美还没穿过婚纱呢，就成了失婚妇女。她和那男人只上过一次床，也是她的初夜，结果怀孕了。堕胎那天，她给男人发短信，对方没回。

孙小美说，还好，我跟他不太熟，伤害值比较小。

孙小美第二次结婚，是和一个房产中介，该中介口才好，收入高，特别喜欢阅读，最爱的文学名著是《少妇白洁》。孙小美跟老妈说，这男人眼神是不是有点儿淫邪啊？老妈说，人家眼神淫邪，你还皮肤暗淡呢，少挑剔了，差不多就行！

婚后六个月，孙小美的老公提出离婚，因为孙小美太不近人情了。他提出SM、换妻等要求，她毫不犹豫就否决了，一点儿都不具备尝试新鲜事物的热情。

最近孙小美又跟一个男人闹掰了。至于他们有没有领过证，有好几种版本。有人说，他们在香港注册的。有人说，他们去民政局领证那天就大吵一架，差点儿打起来，以至于当天就分手了。孙小美连他的名字都记不太清楚，也许叫汪洋，也许叫大海。

孙小美老妈骂她没有诚意，太不上心。她反驳："你明知我最讨厌邋遢的人，还力劝我嫁他。你没看到他流鼻涕都擦袖子上，抠了鼻屎偷偷抹在桌子下面，跟他坐个火车，六个小时他有五个半小时在抠脚，另外半个小时在吃方便面和鸡腿，手都没洗过。最让我忍无可忍的是，他往我的仙人掌上掐烟灰、吐痰！我凭什么要记得他的名字？"

孙小美的结婚史，就是一部荒诞史。

但，我们周围，在父母威逼下、舆论监控下、七大姑八大姨的催促下，受不了压力，随随便便结婚的，又岂止她一个。这样"被结婚"的，明知不喜欢不适合，但是条件还凑合，就这么过吧。少数人，特牛×，能把将就都将就好一辈子，还渐入佳境；而更多人，就这么委曲求全地过着。

好在孙小美的故事近期发展得还不错，她重新过起了没心没肺的单身生活。之前她发的朋友圈照片，朋友都不好评论，一张张自拍都灰头土脸印堂发黑；最近她发的照片，是春节刚去墨西哥玩儿的，脸都快笑烂了，她说那里天很蓝，路人都很快乐，仙人掌很多很多。

其实，我不是反对婚姻，只是反对将就。就像我一女性朋友，年薪过百万，一年花两个月到处旅游，明年要去英国游学。别人总劝她，既然有钱有闲，为什么不找个男人结婚呢，人生岂不是更完美？她答："既然我有钱有闲，我为什么非要找男人结婚呢？将就谁不会吗？只是我不想。男人暴躁，忍忍就好了；男人花心，睁只眼闭只眼就好了；男人猥琐，假装没看见就好了——我凭什么呀！旁人总说，你不要要求那么高，把条件放低点儿——**如果我降低要求，是因为我爱他，当然可以；我降低要求，是为了必须从众，为结婚而结婚，那不是有病吗？**搞定男人的招数谁不知道啊，但是我不想，目前也没有男人配让我这样做。"

很多人会说，不愿意将就，这就是她们没男人的原因——"宁为玉碎不为瓦全"，曾经是美德，到了"剩女"这里就成了人格缺陷。为什么就成了人格缺陷呢？

可是，我还是喜欢那句话："世上最不能将就的事，就是结婚。"

被嫌弃的胖子的一生

从前，有一个200多斤的女胖子。

她有点儿二，有点儿神经质，有点儿公主病。

她暗恋一个帅到爆炸、多才多艺的男神。

男神向她表白，他们在一起了。她还摆出no zuo no die（不作死就不会死）的姿态。

她的美貌闺密嫉妒她，她的帅哥gay密喜欢她，她周围的男生们欣赏她。

请问，这真的不是玛丽苏网文？

韩剧都不敢意淫到这等无耻的境界啊。

呃，这是英剧，《肥瑞的疯狂日记》。豆瓣打分高达9.0。

为毛？它戳到了女屌丝的共鸣。它触及了一个最真实的问题，就是张悦然说的那句话：

"一个胖女孩的青春是疼痛的。"

岂止疼痛，简直痛不欲生。

我是初一开始发胖的。老师还让我参加学校舞蹈队的表演，去市里演出。我穿着超短裙，上台之前，几个男生在旁边议论：天哪，她跳的是小天鹅？是胖烧鹅吧！瞧那粗腿，老子看一眼，饭都吃不下了。

我忍着眼泪把表演完成，自此再也没跳过一次舞。

那时候我跟班上年龄最小、最调皮的男生同桌。我们经常吵架，他总是一脸恶毒地问我：你这么胖，拉的屎是不是都比较大条？他偷偷把我的椅子搞坏，我不知情，坐上去，椅子当场垮掉。全班同学笑了一个月，说我吨位太大，能一屁股把人坐死。我该为自己的天赋异禀骄傲吗？

吃饭的时候，我不敢多吃，因为他们会说：你都那么肥了，还吃这么多！我也不敢少吃，他们会说：你吃那么少，怎么还那么肥？

天气冷的时候，我不敢多穿，他们会说：你这么胖，还会怕冷啊？

我也不敢少穿，他们会说：果然长得胖，就不怕冷哎！

胖子沉默是错、呼吸是错、存在都是错。我努力让自己成绩更好、有更多才华、性格更随和、说话更有趣，没用。在大家心目中，你没有名字，你就是"那个胖子"。

网上有人问：当今这个社会如此以瘦为美，胖点儿就没有一点儿好处吗？答案是：没有。

严格来说，还是有的。胖的好处就是，没多少人追，这样可以安心学习，安心看很多书，我还是赚到了。

遇到我喜欢的人，不敢表白，因为我胖。

遇到喜欢我的人，不敢相信，因为我胖。

连我妈都不信。

好不容易有一个男生跟我表白，情书被我妈发现了，她的第一反应是：不可能吧？他是不是图你什么？他知道我们家有点儿小钱？

真的是我的亲妈吗？

有网友说："要是我有个女儿，一定从小提醒她保持体形，绝不能经历青春期发胖的苦B阶段。有过相似经历的人都明白，青春期的美丑决定日后的三观。那时没有养成的自信，一辈子都无法养成。"

太精准了。因为整个青春期都是胖子，严重摧毁了我的自信，迄今为止，身材都直接影响我对自我的认定。这么多年来，我明明可以内心强大，明明可以超越自己的身材，但是完全不行。我一直活在想减肥而不得，长胖了又极度恐惧的死循环中。瘦下来的那几年是我最自信的几年，而只要我一胖，就会发自内心地厌恶自己、鄙视自己，那种深层的自卑感会贯穿在我的每一个选择中。

我不敢去逛街买衣服。因为我可以考虑的，不是哪件好看，而是哪件显瘦。无袖不能穿，会露出胖胳膊；短裙不能穿，会露出大胖腿。哪里都是禁区。有时候试衣服，穿上去，却脱不下来，卡在肩膀处，绝望到想死。

我不敢出去见人。首先是不敢见"旧人"，比如老同学，我甚至不敢想象他们见到我的惊讶和讪笑。我也不敢见"新人"，因为工作原因，我有太多见明星的机会，但我一个都不见，觉得自己不配站在对方面前。我也不敢见粉丝，害怕见光死。于是，我推掉了签售，推掉了上电视台的邀约，推掉了一切上镜的机会。

我不敢认真照镜子，活在自己还不是很胖的幻想中，自欺欺人。最喜欢单位楼下的镜子，显瘦，有一次在镜子面前搔首弄姿，保安在旁边观察了半天，估计在想：这胖大婶失心疯了吧？

我不敢拍照，好不容易鼓起勇气照一张，必然是马不停蹄地用美图秀秀，瘦脸瘦身，然后用PS照招摇撞骗，又做贼心虚。我的梦想就是，能够长成我PS以后的样子！

一个胖子的生存状态，要多猥琐就有多猥琐。吃饭的时候，管不住自己的嘴，吃完了立刻就后悔。每天晚上，躺在床上，想到又有一天被自己吃过去了，恨不得捅自己两刀。

随即我又会陷入意淫，想象着自己瘦了，有多美好，自己讨厌的人有多不爽。我开始盘算减肥成功后要做的事，仿佛瘦下来了，新的人生就会开启。我的一切希望，都寄托在变瘦之后了……

于是，临睡前，我一定会痛下决心：

从明天开始，我真的要减肥了！

上面这句真的是全球首席谎言啊。

你试过半夜被自己胖醒吗？

我有。

无数次，我在梦中，因为自己太胖，受到全人类的嘲笑，而把自己吓醒了。

什么减肥药我都吃过，淘宝上卖的来历不明的减肥药我都敢吃。半夜，心跳加速，我都害怕自己猝死。就算猝死，也还是个死胖子。

什么减肥怪招儿我也试过，暴饮暴食、催吐，一面胡吃海喝，一面自怨自艾。一分钟之内，我都能变几次主意，一个我说，赶紧节食，为了身材，为了衣服；另一个我说，人生苦短，何必为难自己，要及时行乐。

是的，这些挣扎、自厌、抑郁，表面上旁人都看不出来。我和大部分胖子一样，看上去乐观开朗、没心没肺。

别人说，哎呀，你怎么又胖了？

甚至别人只是准备说"你胖了"的时候，我就已经熟门熟路地切换到自黑模式了："是啊，我确实胖死了。上次我逛商场，看到对面一大妈走过来，我心想：好一个土肥圆。等走近了才发现，那是一面镜子。"

是的，胖子没有玻璃心的权利。

有人在知乎写了一段话，关于"胖是什么感觉"。他曾经也是活泼外向的胖子，所有人的开心果，但是当他十六七岁之后，性格中细腻敏感的一面渐渐展现了出来。他发现一个严重地问题："我肥，我就彻底失去了严肃的一面。我无法严肃，几乎就是失去了整个人格。似乎人们都认为，胖子只能搞笑，一个忧伤的胖子？那是什么？新的喜剧形式吗？……一个忧郁诗人，纵使他的诗写的惨绿（网络用语，表示不幸）无比，只要你在旁边放上一张脑满肠肥的插图，他泛滥的情感瞬间就失去了说服力。"

在旁人看来，胖子就像黑猩猩，可以逗乐，但它毕竟不是人类。胖子就是独立于男女之外的一个物种。

传说中，孙俪拍《甄嬛传》的时候，想吃包子，让助理买来，自己掰开包子看了看，热量太高，不敢吃，就作罢了。

很多胖子说：哎哟，想吃的东西不能吃，那活着还有什么意思。可是，我们胖着，想穿的衣服不能穿，想见的人不能见，想去游泳泡温泉不敢去，活着又有什么意思？

知乎上那个曾经的胖子得出一个结论："肥就是人间失格。"

这就是被嫌弃的胖子的一生。

最可怕的，不是被别人嫌弃，而是被自己嫌弃。

我们胖的原因，是舍不得少吃，不愿意丧失胡吃海喝的可能性。可是，胖，让我们无法去真正改变自己的命运，让我们丧失了更多的可能性。

所以，现在就放下这本书，放下手中的零食，滚出去跑步吧。

难道你不想知道瘦下来的自己是什么样子，拥有什么样的可能性吗？

请记住，颜值和身材就是你所有生活习惯的相加。

不要说从明天开始减肥。

就现在。一切还来得及。

如何对付爱搞暧昧的男人

D妹确实是D罩杯。童颜巨乳小美女。该死的是，还是个低调的富二代，老爸是开服装厂起家的，后来搞地产。D妹说不想当白富美，想当普通人（听听，这台词多欠扁），就去老爸的服装品牌直营旗舰店当服务员，没人知道她是大老板的千金。

D妹卖的是男装，以乡土和丑陋著称，乡镇企业家和村支书们爱得要死，大金扣子，气派！D妹每天接待的都是肥头大耳的丑大叔，所以她见到平头先生的时候，简直有一种久旱逢甘霖的饥渴感。

平头先生也不算顶级帅哥，胜在干净清爽。他本人穿着裁剪时尚的休闲西装，D妹恨不得当场给他的品位点赞。

平头先生本来就是带客户来买衣服的，仿佛对D妹家的西装上瘾了，每隔一两周总会带着客户来买几套，有时候D妹不在，他什么也不买，晃晃就走人。一来二去，整个店里都知道平头先生对D妹有邪念了，以至于平头先生再来，大家都挤眉弄眼，喊：D妹，出来接客……

平头先生对这个绯闻愉快地笑纳了。有段时间D妹去旅游，差不多一个月吧。等她回到店里，同事说，平头先生来了几次，都急了，问你是不是辞职了。

第二天，D妹店里来了个客人，长得特猥琐，全身脏兮兮的，非要试西裤。进试衣间之前，猛盯着D妹的胸部看了好几眼，等他试完，裤子扔D妹手里就走人。D妹发现裤子上有不明液体，当场气得发抖。刚好平头先生带着客户过来，看到眼泪汪汪的D妹，听了情况，说，你们有监控录像吧？放心，这事儿我帮你解决。然后，他无比自然地拿过D妹的手机，问：密码多少？

D妹没反应过来，报给他了。平头先生加了微信，吩咐：以后有任何麻烦，跟我说一声。这不是"霸道总裁爱上我"的节奏吗？D妹的M特质（受虐倾向）都被勾出来了。一周之后，平头先生发给她一张照片，是那个猥琐男脸上青一块紫一块、眼睛都睁不开的照片。

D妹回：是你找人揍的？
男的说：是啊。
D妹答：这特么是我经历过的最感人的事儿。

有了微信，勾搭显然更方便了。平头先生时不时发点儿暧昧信息，比如：你们的制服裙一定要那么短吗？老板买不起更长点儿的裙子了？

D妹很想说：老板是我爸，搞不好以后是你老丈人，死小子。

平头先生又说：今天看到一家你们的连锁店，真丑，因为里面没有你。

D妹很想说：以后这些店都可能是你的，敢说它丑。

一来二去，两人调情了半年。平头先生依然时不时来店里买西装送客户，或给D妹送点儿进口水果、卡通小玩偶。D妹生日那天，叫了平头先生。那天D妹喝了很多酒，平头先生开车送她回去，在D妹家楼下，二人车内拥吻，平头先生摸着D妹的胸部，一脸陶醉。

D妹问：你摸我胸，陈小樱知道吗？

平头先生愣了几秒钟，瞬间平静了：你知道了？

D妹说：谢谢她。如果不是她今天上门来扇我耳光，恐怕我还被你玩儿得死死的。你牛×，上个月都结婚了，还不忘跟我搞着暧昧。情场圣手啊，要不要给你发奖杯？

平头先生尴尬地说：你别多想，我只是把你当可爱的妹妹。D妹：你哪个星球的，流行摸妹妹的胸部？

D妹下了车，几个黑西装的彪形大汉冲上来。这次轮到平头先生被揍了，脸上青一块紫一块，眼睛都睁不开。

搞暧昧简直是男人最贱的招数之一。

总有姑娘问我：他为什么总是不冷不热，若即若离？——有句话不是说，不冷不热，是生活里最好的温度，却是爱情里让人想死的温度。而若即若离，是言情剧里最好看的戏码，却是真实爱情中最欠揍的戏码。

他为什么常常玩儿失踪，然后又跟什么事儿也没发生一样，继续跟我搞暧昧？——因为你是他的备胎、他的宠物、他的玩具。

他不表态，不承认，玩儿暧昧一定是迫不得已，一定是有别的苦衷——嗯，是的，姑娘，他是外星人，他是超人，他是蝙蝠侠，他要拯救地球、拯救银河系，所以没时间找你。而你是因为爱情智商降低的傻瓜而已。

有多少女生，在暧昧游戏中受伤？

你吃醋没有立场，撒娇没有立场，生气没有立场。

你以为对方的一举一动一颦一笑都跟你有关，却永远也无法证实。

你从来没有真正得到过他，却又像失去过他一万次。

所有人都以为你们在一起了，只有你们知道并不是。甚至，当最后的最后，连他都当作什么也没发生过。你甚至要问自己，之前的一切，是不是自己意淫出来的？

面对搞暧昧的贱男人，到底该怎么办呢？回到D妹的故事。

D妹此后没有再回店里。她本来就是学英语的，当起了同声传译。另一个同声传译，男的，闷骚型，时不时发微信嘘寒问暖，问她台风来了窗户关好了吗，问她喜不喜欢一个美国乡村民谣歌手……

D妹直接问：你要干吗？

闷骚男：我只是关心你。

D妹：是要和我交往吗？

闷骚男：呃……我对你是有点儿好感……

D妹：老子最恨搞暧昧的，爷们儿点儿好吗？要么交往，要么滚蛋。

对了，如何委婉地拒绝想跟你搞暧昧的朋友又能维持普通朋友关系？知乎上教了一招。

你问他：你知道安利吗？

总有女生问，他到底爱不爱我？

其实当你问出这句话的时候，就标志着他不爱你。

如果他爱你，你一定可以明确地感知到。因为他会恨不得马上得到你，昭告天下你是他的。他之所以没有明说，唯一的理由、唯一的苦衷，就是你不是他当下最想要的。

他享受着和你调情的乐趣，又不用负责任，还可以同时跟好多人搞暧昧。直到某一天突然爆出他有女朋友，当初和他暧昧的傻傻的女生还傻傻地祝福他。

承认这件事很难，但你不得不面对。

那就是：他其实没那么喜欢你。

姑娘，你一切的纠结，都缘于他不够爱你

考拉小姐是个萌妹子，大学的时候暗恋生物系的系草。刚好她的高中同学大雄跟系草同宿舍，她拜托大雄搜集系草的一切信息，包括血型星座喜好怪癖死穴，然后展开周密部署。她假装电脑坏了，请系草帮她修。

她盛装打扮，大冬天穿着白纱裙很仙很公主，在简陋凌乱的宿舍里，活像一堆乱码。系草来了，瞄了她一眼，问：你不冷啊。然后三分钟就把电脑修好了，接着就闪人，不留下一丝暧昧。系草永远是一副常年月经不调的酷脸（请不要纠结男人是否有月经这种无聊问题，哼）。

就这么短暂的五分钟互动，考拉小姐回味了15天。

他好关心我啊，他问我冷不冷，一定心疼坏了。

他努力装酷，一定是看见我害羞，太紧张，不知所措吧。

他不敢久留，是怕忍不住向我表白吧。

然后就快放暑假了。

考拉小姐去系草宿舍晃荡，假装找大雄玩儿，力邀系草暑假去她家所在的城市旅游。她说high了，把家乡小城简直说成全球滨海度假胜地，夏威夷马尔代夫跟那儿相比就是一坨狗屎。大雄也在旁边极力鼓动，系草说，哦，我暑假要上新东方，不过也许可以挤时间去吧。

考拉小姐顿时觉得全世界都变成粉红色了。

这个暑假，整整46天，她都在等系草的电话。她盯着手机屏幕快把自己看成斗鸡眼了。她抱着手机睡觉，充电器爆炸把她头发都烧焦了。系草还是没来电话。她发的三个短信杳无音信。

是他太忙了吗？学英语太累了吗？太纯情了以至于不敢来见我？还是他没认出是我的电话还以为是骚扰短信？还是他得了绝症，死了？她拜托大雄去打探，得到的消息是，系草还活着，每天狂练英语，周围没有任何可疑女性。

好不容易熬到开学，她决定停止等待，直接采用最传统的手法——霸王硬上弓。她大大咧咧以系草的好朋友自居，去他们宿舍吃饭，去他们宿舍借漫画，去他们宿舍打游戏，终于跟系草混熟了点儿。系草开始跟她聊天了，比如评价她的新发型像樱桃小丸子，说她穿高跟鞋像踩高跷，说她爱看的漫画书太脑残。

每天晚上，分析系草跟她的互动就是她的头等大事。她把他的表情、动作、语言切割成一小块一小块，拿来跟室友们讨论。室友们鼓励她："一个男人愿意注意你的一举一动了，说明他爱你。""一个男人调侃你、批评你，是希望引起你的注意，男人在自己喜欢的女人面前嘴最贱了。"

有一天，系草约考拉小姐出去。室友们惊呼，天哪，怎么办，他终于按捺不住要表白了。

考拉小姐穿上了她的战衣——浅蓝色丝质长裙，跟动画美少女似的，甚至换上了白色蕾丝内裤，万一系草厚积薄发，今天就要跟她圆房呢？

系草红着脸，吞吞吐吐地说：我爱上了一个人，可是，我不知道，对方会不会接受，我真的很害怕被拒绝的感觉。如果对方让我滚蛋怎么办？

考拉小姐内心咆哮了一万遍：我不会！

系草说，你觉得，大雄也喜欢我吗？

这差点儿就成了愿天下好男人终成眷属的故事。大雄是直男，系草表白被拒后，心碎失望，直接去了美国。

当然，这只是一个极端的故事，更为常见的是，男人不是不想恋爱，只是不想和你谈恋爱；他不是不想结婚，只是不想和你结婚。

有个朋友，绰号橘子，她喜欢一个男同事。该男同事在她面前简直就是面瘫加自闭症，她每次问他的问题，他都以"是啊""还好""可能吧"来应对。橘子姑娘以为他只是不善言辞，不懂得如何与女人相处，其实对自己还是有好感的。她每天都寻找他爱自己的证据，捕捉一个眼神、一个细节，简直快成为微表情分析大师了。

直到有一天，她听到男同事打电话，声音瞬间放温柔："我给你推荐的塔马斯·韦尔斯的歌你喜欢吗？我最喜欢他的第二张专辑 *A Plea En Vendredi*（大意为"在星期五的请求"），如果你喜欢的话，我还可以给你推荐别的。你在看英剧《IT 狂人》？我也很喜欢，第二季第一集简直是史上最好笑的情景喜剧！装残疾人那段，太神经病、太好玩儿了！"

男同事在座位上笑得花枝乱颤。

他不是人格分裂。他只是不爱橘子姑娘。

见过很多以内向著称的人，在自己喜欢的熟人面前，瞬间变成话痨。

所以，内向或许不是形容个性，而是形容意愿。他并不是内向，只是不想对你外向而已。

而姑娘们都不愿意直面这残酷的事实。

每一个沉浸在爱情里的女生，都是借口专家——专门为男人创作借口。"他可能怕破坏了我们的友谊""他还没做好恋爱的准备""他只是不知道怎么联络我"……拜托，一个男人，如果爱你，他会排除艰难险阻，找到你，和你在一起。

每个姑娘都该看一下2009年的爱情片《他其实没那么喜欢你》。这部电影的最最精彩之处，就是它的片名。

姑娘，拯救人渣这事儿，还是留给耶稣干吧

人一辈子这么长，总会爱上几个人渣。电影《春娇与志明》流传最广的就是这句话。姑娘们看了特有共鸣，这没错，可有些姑娘拿这话当圣旨，特自卑——自己活了二三十年，都没和人渣恋爱过，是不是人生不完整啊？

马家辉写了本书《爱上几个人渣》，在序里他强调："正因曾经爱上几个人渣，始会成熟，始会懂得。"容我说句真话，对蠢货而言，爱过一万个人渣，也不会成熟，也不会懂得。

经历人渣不是成熟的必要条件，自省才是。

近期网上有个热帖："大家都来说一说当初为留住人渣哭天抹泪，现在回想觉得特傻×的经历。"提起人渣这物种，姑娘们个个义愤填膺，当年犯贱的方式也可歌可泣，诸如：

"人渣跟别的女生约炮开房，刷我的信用卡，暴露了，我还哭着求他不要抛弃我。"

"谈婚论嫁时，人渣说，婚后能不能给三次出轨机会，我含泪同意了，生怕他翻脸走人。"

"怀疑人渣有小三儿，他怒斥我多疑，否定他和小三儿纯真的友谊，我玷污了'思无邪'的他。我还老后悔自责，事后才知道丫的劈腿十几次了……"

可惜的是，网上这类反思帖太少，更多的帖子还是对着人渣犯贱上瘾的：

"我男友说睡我都睡腻了，想到我的裸体就恶心，可我还是舍不得他。"

"小三儿嚣张到每天半夜准时打电话来羞辱我，老公把我打成骨折，但我还是爱着他。"

这类女人的特异功能是，哪怕所有人都劝她珍惜生命远离渣男，她依然一脸正义地帮渣男找借口，恳求大家："骂小三儿可以，别骂我男人，他是无辜的，他只不过是犯了男人都会犯的错……"

专栏作家燕公子说了段特精准的话：在SM关系里受虐的那一个，看上去比较可怜，其实是主控者。如果他们决定不玩儿，这个游戏就结束了。正如爱情里爱得比较多的那个人一样。

为什么我们总是重复爱上同一类人渣？心理学家说，女人的爱情可以拆分成几种情欲，包括母性、性欲和征服欲。迷恋渣男的姑娘，自以为很高尚，其实都源自本能和虚荣心。

不少渣男是颓废挂的，怀才不遇，郁郁寡欢，整个世界都配不上他。抽烟、酗酒、打架、自虐，一副"傻×快来拯救我"的表情。姑娘们就很配合地无私奉献去了。摇滚圈给这类免费"睡我虐我糟蹋我"的姑娘起了个很萌的名字，叫"果儿"。这类姑娘不求回报、心甘情愿，拿身体做公益，甚至不惜赚钱养颓废男，还自我催眠："我不在他身边，他吃不好睡不好怎么办？""他一示弱，我就心软，哪怕他刚刚揍了我。""他的不幸，让我产生被需要的感觉。"

姑娘，你是当女友呢，还是当妈？

我一朋友，念大学时猛追男老师。对方说：我不是好人，我是垃圾。她一听就来劲了，觉得对方真诚实，第二天就洗好澡躺宾馆床上等着，要化为天使，拯救失足男青年。她给我讲这个感人至深的故事，我说，坦白点儿，拯救个屁啊，你不过就是想终结他的花心史，成为了不起的最后一个。她说，好吧，我一想到那么多女人对他流口水，而只有我能躺在他身下，就觉得特有成就感——看看那种花心的渣男多高端，睡了那么多姑娘，个个还感恩戴德的。

其实，能把大段人生消耗在人渣身上的姑娘，多半都是闲得蛋疼，需要靠拯救男人来证明自己的存在感，获得一种自己正在做好人好事的道德幻觉。要么是上大学时耍无聊，要么是刚工作时年幼无知，等有了正事儿做，谁有空跟渣男玩儿啊？

通常跟渣男周旋的女人，都特有表演欲，通宵流泪，大街上淋雨，划自己手腕，以为活在旷世深情的爱情片里。大家看哪，我付出了这么多，就为了拯救他，我多悲壮啊。

其实呢，大部分人渣无可救药，并且会在圣母们泛滥的爱心的灌溉下，茁壮成长。犯罪心理研究专家李玫瑾在《锵锵三人行》上讲过，有一类人，就是先天性的反社会人格，脑部骨骼都与众不同，不是你给他爱，他就会回馈的。比如北京绑匪王立华，从监狱里出来准备干单大事，为免后顾之忧，计划先把自己妈妈杀了。这种终极人渣，你就是割自己大腿肉给他吃，他也会顺水推舟，当一回汉尼拔。

所以，姑娘，拯救人渣这事儿，还是留给耶稣干吧。

爱是无私的奉献？瞎扯

栗子死过一次。

那是她爱上班草的第11年。

六年级，她12岁，班草从外地转学过来，和她同桌。

那时候她正在看台湾偶像剧《爱情白皮书》，超迷彭于晏演的男二号，瞿守治。

她把班草的样子和彭于晏做了对比，相似度高达89%。

浓眉毛，高鼻梁，笑起来浅浅上扬的嘴角。

在她看来，班草就算趴在桌上睡觉，流着口水，整个人也在发光啊。

于是，她成为班草的脑残粉，哪怕他就是一顶级学渣。

贵为副班长的栗子，每天去偷值日生的日记，把班草不守纪律的记录涂掉。

体育课从不及格的她，翻窗户去教师办公室，帮班草偷试卷，身手瞬间变得超灵活。

她帮班草写作业，怕老师看出来，刻意模仿班草的笔迹，把字写得丑丑的、乱七八糟的。这件事，从小学到高三，她做了七年。

班草打篮球，她永远坐在球场边，为他准备好冰水和毛巾，看到他下场的时候，朝自己走过来，刘海儿一跳一跳的，笑容无比阳光。她觉得为了这笑容，再昏庸的事，她也干得出来。

班草是单亲家庭出身，他妈妈忙着做生意，没空给他做饭。她让妈妈做各种好吃的，带去给他，说自己要减肥，瘦到78斤，显得头大身子小，活像一只小蝌蚪。班草直接叫她"小精子"，从此以后"精子"于她成了褒义词，她觉得这个昵称好美好梦幻啊。

她是他的保姆、管家、小跟班，唯独不是他的女朋友。

班草喜欢谁，她就屁颠儿屁颠儿地帮他出主意、递情书，帮他去追。

圣诞节，她送给他亲手折的520颗星星。班草说，挺好看的，我可以拿去送给女朋友吗？她笑着说好，转过身，眼泪在眼眶里打转。

高考前两个月，她从楼梯上摔下来，腿打了石膏。班草每天来医院看她，所谓幸福的巅峰，也不过如此。

班草的女朋友不干了，威胁班草，到底要选谁。班草对栗子说，对不起，从此再没来过医院。

高考，栗子考砸了，大家都以为是因为她的腿伤，其实是因为她的心被伤到了。

她只能上一个烂学校，但她竟然满血复活，因为班草念的体校，离她就两条街的距离。

班草跟女友分手了，也恢复了与她的友谊。所谓友谊，就是她每周末去帮班草洗衣服、铺床、叠被子。她一过去，班草同宿舍的人就说，哇，田螺姑娘又来了。

大四的时候，班草被外语学院的一个大美女甩了，喝酒喝出胃病。她心疼不已，鼓起勇气表白，希望他能考虑自己。

班草说，三个月，我试着喜欢你。不行我们就分手。

这么贱的提议，在她看来简直就是峰回路转、柳暗花明。

那时候本来她最该做的事情是好好实习，好好找工作，她根本不屑一顾，专心经营和班草的"小家"。她找了一个短租房，每天给班草做各种好吃的，想让他体会到家的温情。

班草有点儿小感动，有时候发微信提醒她，多吃点儿，太瘦了摸起来都不给劲。

两个月后，她发现自己怀孕了。打电话给班草，问他什么时候回来。

班草说，正在和实习老师出差，堵在高速公路上，已经堵了五个半小时了，没有水喝，没有东西吃……

她准备了班草最爱的饮料和巧克力派，打车去班草说的地方。因为堵车，她步行了半个多小时，终于看到班草了。

班草正在和实习老师——一个高挑的御姐，在车群中拥吻。

那一刻，她找不到自己活下去的意义。

她选择了老套的自杀方式——跳河。等水已经淹没了自己，她才想起来，自己是会游泳的。

求生的本能救了她。

她全身湿透，一路走回去，走了四个多小时。一路上的人都能看到她披散着头发，穿着白色长裙，流着眼泪，活像一个女鬼。没人敢来搭讪，也没人敢欺负她。

她得了肺炎，孩子也保不住了，因为流产手术没做好，她大出血，又得了盆腔炎。

没有工作。没有男友。没有健康。

那一刻，她第一次对班草产生了怨恨。

她发短信控诉他：我为你奉献这么多，牺牲这么多，你为什么这么对我？

班草回：我知道你为我做了很多，可是，是你自己愿意的啊。你现在怪我，对我也很不公平。

至少，栗子活下来了。相比之下，我们小区的一个女人就更极端了。

她是孔雀女下嫁凤凰男，与父母反目，出钱供老公读书，挣钱买房，支持他的事业，含辛茹苦，任劳任怨——怎么苦B怎么来。然后，男人混出点儿名目了，找了个小三儿，至于黄脸婆嘛，一脚踢飞。

她直接从28楼跳下来，把自己砸进了游泳池。那是冬天，游泳池里没有水。

外界的说辞是：被渣男逼死。

我想冒死说一句，没人可以逼死你，除了你自己。

不要把你的爱情说成什么无私奉献，这根本是瞎扯。

至于奉献，亚当·斯密在《道德情操论》里就说，利他是为了更好地利己，奉献源于自私。付出就是为了回报，这种回报可能是现实的利益，也可能是自我满足感、社会认可、基因的延续。

如果爱真的无私，那爱就没有选择性了。你为什么非要爱他，而不是隔壁张大爷？

张大爷搞不好更需要你的关爱。

所以，让我们诚实点儿吧。我们爱一个人，不是为了他，而是为了自己。我们看着他很幸福，跟他散步很幸福，跟他睡觉很幸福。

你为这个男人付出，因为你享受这种付出，你在这种付出中获得了价值感和幸福感。

现在，这个男人变心了，要分手。你最完美的回答就是，好，然后转身走人。只要你以前的付出是你心甘情愿的，不是他敲诈勒索、欺诈抢劫的——那么，你确认你也幸福过，也快乐过，这不就结了？赶紧忘掉他，投入更有意义的事情，及时止损。

为了这种渣男去死，说明你的生命还不如一坨渣男。何必呢？

这也就是为什么，我看了《被嫌弃的松子的一生》很多遍，非常喜欢导演用绚烂的方式去拍摄一个残酷的故事，却永远讨厌他所传递的价值观。这就是一个讴歌受虐狂的故事，导演一直在赞美松子为爱不顾一切的崇高和善良，观众也为她的屡败屡战不屈不挠而感动，但是，松子那真的叫爱吗？

她说："即使挨打，也好过孤零零的一个人。"她没有自我，没有爱好，没有梦想。她唯一擅长的事，就是急切地依附一个男人，再接着把自己的人生搞砸。最好的爱，是1加1大于2，而松子的爱，是1加1等于负无穷。

有人评价这部电影说，"爱不是把自己的人生搞得乱七八糟的借口。就像当年某人曾经对我说：**我不要你为我牺牲什么来证明你爱我，我要你因为爱我而去抓住更多的东西。请不要以爱之名，侮辱爱。**"

那些年，我们这些没人追的女孩

最近台湾最火的电影《我的少女时代》，就是《那些年，我们一起追的女孩》的女生版。可是，我一直想写的，是《那些年，我们这些没人追的女孩》啊。

我的青春期简直就是一部血泪史。那真是一段漫长又黑暗的日子啊——说得好像我现在已经走出黑暗了似的。

初中的时候，坐在我前面的男生，数学很好，眼神超牛，特别毒舌，每天我跟他的交流就是互相攻击和互相羞辱。现在回想起来，他就像《秘密花园》里的金洙元，傲娇、自负，看不起全人类。我喜欢他那种"你看不惯我，又干不掉我的样子"。

好吧，说实话，我喜欢他就是因为他长得帅。我的肤浅也不是一天两天了。

我从来没有奢望过他会喜欢我。让我安心的是，他也不会喜欢别人。

因为他谁也看不惯哪。

初中二年级，班上转来一个女生，从大城市来的，高挑、清纯、气质脱俗，能把一切俗艳的颜色都穿出圣洁的味道。她顺理成章地成为很多男生心目中的女神。不幸的是，她成了我的同桌。我很想和当时的老师谈谈，你把一个女神和一个死胖子放到一起，让我每天听她倾诉美女的烦恼，老师啊你什么心态！

14岁之前，我从来没在乎过穿什么，每天都穿着图案很弱智的T恤和土爆了的牛仔裤。而我的同桌，她的衣服款式都跟偶像剧里一模一样。如果那时候把镜头对准我们两个，我上演的是《打工妹》，而她就是《浪漫满屋》。这之后，我开始在意起打扮来，我让妈妈给我做了很多连衣裙，试图显得好看点儿。至少，在我暗恋的男生眼里，我不能是一坨不明物体啊。但还真的是哎，反正他压根儿没看到我的改变。

比悲伤更悲伤的事儿是，他只花了10秒钟，就喜欢上了她。原来他看不起全人类的原因，是因为还没遇到她。学校辩论队一哥的他，在女神面前，简直就是个结巴。

有一次，他给女神讲了个笑话，女神当时正感冒，一笑，就冒出巨大的鼻涕泡，场面极其尴尬。我内心有点儿窃喜（我也够猥琐的），这下子，男生总该幻灭了吧。

他对女神说，你好可爱啊。

我擦。

14岁的我，还不懂得一个人生真谛：只要你长得美，什么都可以原谅。

他对她表白了。她给出的回应就是，从此再也不理他了，一句话都不跟他讲。她说，对于追她的人，她从来都不搭理，不会吊任何人的胃口，只想让他们彻底死心。我心里多希望她是个绿茶，但是她不是。我准备了好多坏话，但是我连讨厌都没办法讨厌她，反而觉得她好帅啊。

我喜欢的男生，在她眼里连备胎都不是，勉强只是一个路人甲。有一次传卷子，从后面传到前面，她忘记了不跟他说话的原则。她拍了下他肩膀，说了一句：哎，卷子。他转过头来，我看到他的眼神里满是惊喜，简直在发光。我从来没见过他那样的眼神。

我目睹了他的每一次欣喜和每一次悲伤。

暗恋是条食物链。不幸的是，我刚好处于最底层。下面的空气真的不太好啊。我暗下决心，老子再不会喜欢不喜欢我的人了。哼。

高一的时候，我坐在倒数第二排。坐在倒数第一排的是一个理科学霸。每天上课都在看漫画书，但数理化考试永远考第一那种。他语文很烂，作文统统写成流水账，无聊透顶。对我作文很好这件事，他相当崇拜。他每次都认真地研究我的周记，他说，你以后一定可以当作家。

有一次，一个同学拿我的名字开玩笑，说我的名字怪怪的。他帮我说话。他说：我觉得这名字很好听啊。

我的死党们知道这件事，一口咬定他喜欢我。

我开始搜集他喜欢我的证据。

有一次上课，我和同桌在看《故事会》，那时候完全把《故事会》当黄文看啊。看到正刺激的环节，书掉下去了，掉到我课桌后面。老师很生气，问：谁上课看课外书？谁？

这老师超凶的，特别擅长人身攻击，能一口气骂你一小时。我当时吓尿了，想象了一下自己被虐死的状况，想象了一下请家长，想象了搞不好我妈会扇我一耳光。正在我快脑补到"满清十大酷刑"的阶段时，他站起来，直接承认是他看的。

他被骂了三小时。

老师体力真好。

他一定是喜欢我的吧。

我买了带锁的日记本。

我的日记，成了他的传记。

高二的时候分班了，他念理科，我念文科。他送我一个相框当礼物，很丑的粉色。我觉得那是全世界最美好的东西。

那时候我们唯一的交集，就是每天做课间操的时候，他们班就在我们班旁边。当你喜欢一个人的时候，眼睛是自带GPS的，不管有多少人，总是能一秒钟找到他。我每一天都在等待这一刻，可以正大光明地看到他。有一天，我听到一个消息，说他喜欢一个女生，正是我的名字。完了，他告诉大家。怎么办，所有人都知道了。太高调了太高调了。

我一面责怪他，一面暗爽。上课时，我会兴奋地掐自己，完全听不到老师在说什么。作为学霸，第一次站起来，不知道老师提的问题是什么，嘴角莫名其妙就上扬了。同学说，老师问你作业的事儿呢，你笑个屁啊。

第二天，课间操结束后，看到他和几个男生在学校的小卖部聊天。我很纠结，要不要告诉他，我已经知道他喜欢我了呢？要不要告诉他，其实我也喜欢他呢？这时，几个男生一散开，看到他身边站着一个女生，他递给她一盒小熊饼干，女生很自然地接过来，埋头准备拿饼干吃。她的头发垂下来，遮住了脸颊。他很自然地伸过手去，帮她把头发别到耳后。

之后我才知道，这个女生是我们的学妹。她跟我有一样的名字。不同的是，她比我漂亮100倍。

我鼓起勇气去问他，为什么不喜欢我，却对我那么好。

他说，其实我对每个同学都挺好的啊。

他确实是个大暖男，但有时候喜欢一个人，就会选择性失明。

他说，学妹是他的初恋，他们青梅竹马，初中就在一起了。但是学妹父母离婚，搬去另一个城市，两人分开了。他没有为这段感情去努力争取，一直心怀愧疚。

他对我格外好一些，是因为我和她的名字一样，他有种弥补的心态。

高二的时候，他才发现学妹回来了。为了他，回来了。他可以重新去争取一次。

我什么也没说。不然呢，我要说"恭喜你"吗？

那是第一次，我恨上了自己的名字。

我恨自己的样子。

我恨自己自作多情。

我恨自己的存在。

我恨自己的一切。

发现喜欢的人不喜欢自己的时候，我们往往不是否定对方，而是否定自己。这个伤痛太痛了。我吃了麻辣烫吃了凉皮吃了羊肉串吃了牛肉烧饼吃了草莓冰淇淋，我快把整个世界吃下去了，才勉强治愈了。作为一个吃货，一切伤痛都靠食疗啊。

后来我遇到了罗同学，得了审美癌的罗同学。明明我长得像胖大婶，还坚持认为我长得像新垣结衣。导致我身边所有人，都强烈要求我给新垣结衣下跪道歉。我们都结婚10年了，他的审美癌还没痊愈。

也许现在，你喜欢的人，只看到你暗淡的那一面。但总有一天，会有一个人，愿意绕着你转一圈，看到你发光的那一面。

对于那个男生，我很想怪他，可是学生时代我们多多少少都做过这种昏庸的事儿吧。

因为喜欢一个人，对所有与他相关的事，都格外友善。

因为不会爱，所以掌握不了分寸。

还好。青春的意思就是：输得起。

即使受伤，我们也不会失去再次去爱的能力。

有部电影的宣传语，真的超级经典：

爱对了是爱情，爱错了是青春。

图书在版编目（CIP）数据

我喜欢这个"功利"的世界：这世界承认每一个人的努力/咪蒙著. — 长沙：
湖南文艺出版社，2016.6
ISBN 978-7-5404-7543-7

Ⅰ.①我… Ⅱ.①咪… Ⅲ.①随笔—作品集—中国—当代
Ⅳ.①I267.1

中国版本图书馆CIP数据核字（2016）第061276号

上架建议：畅销·励志文学

WO XIHUAN ZHEGE "GONGLI" DE SHIJIE:
ZHE SHIJIE CHENGREN MEI YI GE REN DE NULI
我喜欢这个"功利"的世界：这世界承认每一个人的努力

作　　者：咪　蒙
出 版 人：刘清华
责任编辑：薛　健　刘诗哲
监　　制：毛闽峰　李　娜
特约策划：郑中莉　刘　霁
特约编辑：吕　晴
项目支持：郑安迪　沈可成
营销编辑：刘菲菲　好　红
封面设计：仙　境
版式设计：薄荷橙　李　洁
内文插画：赵喻非
头像插画：猪坚强
出版发行：湖南文艺出版社
　　　　　（长沙市雨花区东二环一段508号　邮编：410014）
网　　址：www.hnwy.net
印　　刷：北京鹏润伟业印刷有限公司
经　　销：新华书店
开　　本：880×1270mm　1/32
字　　数：207千字
印　　张：9.5
版　　次：2016年6月第1版
印　　次：2016年6月第1次印刷
书　　号：ISBN 978-7-5404-7543-7
定　　价：38.00元

质量监督电话：010-59096394
团购电话：010-59320018